Parole de Vie

LES PSAUMES

Parole de Vie

LES PSAUMES

traduits en français fondamental
d'après le texte hébreu

ALLIANCE BIBLIQUE UNIVERSELLE

LES PSAUMES, version *Parole de Vie*

Effectuée par l'Alliance biblique universelle à la demande de la Commission épiscopale de catéchèse et de liturgie pour l'Afrique de l'Ouest, la traduction de la Bible en « français fondamental », dite Parole de Vie, fait l'objet de soigneux contrôles exégétiques et linguistiques de la part de spécialistes catholiques, protestants et évangéliques.

Avenue des Erables, F95400 Villiers-le-Bel

Couverture : Atelier Diagonal', Grenoble – France – Tél. 76 52 49 89.

ISBN 2 85300 012 5
4012 / FF581 UBS-EPF 1997 12/41M

IMPRIMATUR
Abidjan, le 17 mars 1994
Paul Dacoury, év. aux.

Ami lecteur,

Voici les Psaumes.

*Ce sont 150 prières rassemblées
depuis très longtemps par le peuple d'Israël.
Ces prières sont des poèmes.
La plupart des Psaumes ont été composés
pour le service de Dieu
tout au long de l'histoire d'Israël.
Les *Israélites les chantaient,
accompagnés par des *instruments de musique.*

*Toutes ces prières ne se ressemblent pas.
Un grand nombre d'entre elles sont des louanges.
Elles chantent la grandeur et la bonté du Seigneur.
D'autres chantent le Seigneur
comme Roi d'Israël et du monde.
D'autres sont des prières pour le roi
ou des prières du roi.
On trouve encore des Psaumes
chantés par les Israélites quand ils entraient dans le Temple,
ou quand ils venaient à Jérusalem en pèlerinage.
Certains Psaumes ont pour but d'enseigner les croyants.
On trouve aussi des Psaumes
que les gens chantaient dans le malheur,
et enfin des prières de remerciement
ou de confiance.*

*Jésus a chanté les Psaumes
et il les a utilisés plusieurs fois
pour prier Dieu son Père,
ou pour enseigner ses disciples.
Les premiers chrétiens ont compris
que certains de ces poèmes*

annonçaient la venue du Christ,
ses souffrances, sa mort,
son réveil de la mort
*et son entrée dans la *gloire.*
*Le Nouveau *Testament les cite plus de cent fois.*

Nous vous souhaitons, à vous aussi,
de trouver dans les Psaumes
les mots qui conviennent pour parler à Dieu.

Bonne lecture !

*Tous les mots qui portent ce signe **
sont expliqués à la fin du livre.

PREMIER LIVRE
(Psaumes 1—41)

Qui est vraiment heureux ?

1 Voici l'homme heureux !
Il n'écoute pas les conseils des gens mauvais,
il ne suit pas l'exemple de ceux qui font le mal,
il ne s'assoit pas avec les moqueurs.
2 Au contraire, il aime l'enseignement du Seigneur
et le redit jour et nuit !
3 Comme un arbre planté au bord de l'eau,
il donne ses fruits au bon moment,
et ses feuilles restent toujours vertes.
Cet homme réussit tout ce qu'il fait.
4 Pour les gens mauvais, c'est différent,
ils sont comme la paille emportée par le vent.
5 C'est pourquoi, au moment du jugement,
ces gens-là ne sont pas acceptés.
Quand ceux qui obéissent à Dieu se rassemblent,
il n'y a pas de place pour les gens mauvais.
6 Oui, le Seigneur veille sur la vie
de ceux qui lui obéissent,
mais le chemin des gens mauvais
les conduit à leur perte.

Le roi choisi par Dieu

2 Les autres peuples s'agitent, pourquoi ?
Les pays font des projets, mais pour rien.
2 Les rois de la terre se préparent au combat.
Ceux qui ont le pouvoir se réunissent
contre le Seigneur et contre le roi choisi par lui[a].

a **2.1-2** *Dans l'Orient ancien, des peuples pouvaient dépendre d'autres peuples. Le jour où un nouveau roi arrivait au pouvoir, ceux qu'il dominait profitaient quelquefois de l'occasion pour se libérer. Dans ce psaume, plusieurs personnages interviennent : les peuples étrangers et leurs rois, le Seigneur et le roi choisi par lui, c'est-à-dire le Messie.*

3 Ils disent :
« Cassons leurs cordes, rejetons leurs chaînes ! »

4 Mais il rit, celui qui est assis dans le *ciel.
Sur son siège de roi,
le Seigneur se moque d'eux.
5 Il leur parle avec *colère,
et sa colère les fait trembler.
6 Le Seigneur leur dit :
« Moi, j'ai établi mon roi à *Sion,
sur ma montagne *sainte. »

7 « Laissez-moi annoncer ce que veut le Seigneur[b].
Le Seigneur m'a dit :
"Tu es mon fils,
aujourd'hui, je suis devenu ton père.
8 Demande-moi les autres peuples,
et je te les donnerai en partage.
Ils seront à toi,
tu posséderas toute la terre.
9 Tu dirigeras ces peuples très durement,
comme des plats en terre, tu les briseras." »

10 Maintenant, vous les rois,
soyez des sages !
Laissez-vous corriger,
vous, les dirigeants du monde !
11-12 Servez le Seigneur avec respect.
Avec joie et en tremblant,
mettez-vous à genoux devant lui.
Sinon il va se mettre en colère,
et vous serez perdus.
Oui, sa colère peut brûler tout à coup comme un feu.

Ils sont heureux,
tous ceux qui se réfugient dans le Seigneur !

***b* 2.7** *Ici, c'est sans doute le roi choisi par Dieu qui parle.*

Seigneur, j'ai beaucoup d'ennemis

3 *Psaume de David.*
Quand il fuyait devant son fils Absalom.

2 Seigneur, j'ai beaucoup d'ennemis,
beaucoup se lèvent contre moi.
3 Beaucoup disent de moi :
« Dieu ne le sauvera pas ! »
4 Mais toi, Seigneur, tu me protèges comme un *bouclier,
tu sauves mon honneur, tu relèves ma tête.

5 A pleine voix, je crie vers le Seigneur,
il me répond de sa montagne *sainte.
6 Et moi, je me couche et je dors.
A mon réveil, le Seigneur vient m'aider.
7 Je n'ai pas peur de cette foule de gens
qui m'entourent de tous côtés.

8 Seigneur, lève-toi, mon Dieu, sauve-moi !
Oui, tu as frappé tous mes ennemis à la mâchoire,
tu as cassé les dents des gens mauvais.
9 Seigneur, c'est toi qui sauves !
Envoie ta bénédiction sur ton peuple !

Toi seul, Seigneur, tu me fais vivre en sécurité

4 *Psaume de David, pris dans le livre du chef de chorale.*
*Avec *instruments à cordes.*

2 Réponds-moi quand je t'appelle,
ô Dieu, toi qui me fais *justice.
Quand j'étais écrasé, tu m'as remis debout.
Je t'en prie, écoute ma prière.

3 Vous, les hommes,
vous attaquez mon honneur,
vous aimez ce qui ne vaut rien,

vous courez derrière les mensonges.
Pour combien de temps encore ?
4 Apprenez ceci :
le Seigneur honore son ami fidèle,
le Seigneur m'écoute quand je l'appelle.
5 Si vous êtes en colère,
ne faites pas de péché.
Réfléchissez pendant la nuit et gardez le silence.
6 Offrez les *sacrifices demandés
et faites confiance au Seigneur.

7 Beaucoup se plaignent en disant :
« Qui nous fera voir le bonheur ?
Seigneur, fais briller sur nous la lumière de ton visage ! »
8 Au moment des récoltes, les gens sont heureux :
leurs greniers débordent,
le vin nouveau coule en abondance.
Mais toi, tu mets en mon cœur plus de joie encore.
9 En paix, je me couche et aussitôt je dors,
car toi seul, Seigneur, tu me fais vivre en sécurité.

Seigneur, tu es juste !

5 *Psaume de David, pris dans le livre du chef de chorale.*
*Avec des *flûtes.*

2 Seigneur, écoute ce que je dis,
comprends ma plainte.
3 O mon roi et mon Dieu,
sois attentif quand je fais appel à toi.
Seigneur, c'est toi que je prie.
4 Le matin, tu entends ma voix,
le matin, je me prépare pour toi et j'attends.

5 Toi, tu n'es pas un dieu qui aime le mal,
l'homme méchant n'est pas reçu chez toi.
6 Non, les orgueilleux ne peuvent pas se présenter devant toi.
Tu as horreur de tous ceux qui font du mal,
7 tu fais mourir les menteurs.
Seigneur, tu détestes l'assassin et le voleur.

8 Mais moi, grâce à ton amour,
je peux entrer dans ta maison.
Avec grand respect, je me mets à genoux
en direction de ton Temple *saint.
9 Seigneur, tu es *juste, guide-moi,
à cause de ceux qui me surveillent en cachette.
Enlève les obstacles sur le chemin que tu m'indiques.
10 Non, on ne peut pas faire confiance à ces gens-là :
leur cœur est plein de crimes,
leurs paroles détruisent les gens,
avec leur langue, ils trompent les autres.
11 O Dieu, montre qu'ils sont coupables !
Que leurs projets les fassent tomber !
Ils ont fait beaucoup de mal, chasse-les,
car ils se sont révoltés contre toi.

12 Mais ils seront dans la joie,
tous ceux qui se réfugient en toi.
Leur joie ne finira pas,
car tu les protégeras.
Ils danseront de joie,
ceux qui aiment ton nom.
13 Oui, toi, Seigneur, tu bénis ceux qui t'obéissent,
ta bonté les entoure comme un *bouclier.

Pitié, Seigneur, je n'ai plus de force !

6 *Psaume de David, pris dans le livre du chef de chorale.*
*Avec *instruments à huit cordes.*

2 Seigneur, tu es en *colère contre moi,
mais ne me condamne pas !
Tu en as assez de moi,
mais ne me punis pas !
3 Pitié, Seigneur, je n'ai plus de force !
Tout mon corps tremble :
Seigneur, guéris-moi !
4 Je suis tout tremblant.
Seigneur, ne me fais pas attendre !
5 Reviens, Seigneur, délivre-moi,

sauve-moi à cause de ton amour !
6 Les morts ne peuvent plus penser à toi.
Chez eux, qui peut te dire merci ?

7 Je suis épuisé à force de gémir.
De mes larmes, j'arrose mon lit,
chaque nuit, j'inonde le lieu de mon repos.
8 Mes yeux sont brûlés par le chagrin,
je ne vois plus clair
tellement j'ai d'ennemis.

9 Partez, je ne veux plus vous voir,
vous qui faites du mal !
Car j'ai pleuré,
et le Seigneur m'a entendu.
10 Le Seigneur a entendu mon cri,
le Seigneur a reçu ma prière.
11 Que tous mes ennemis soient couverts de honte,
qu'ils tremblent de peur,
qu'ils reculent, tout à coup pleins de honte !

Seigneur, fais-moi justice !

7 *Chant de tristesse de David.*
David l'a chanté au Seigneur au sujet de Kouch,
de la tribu de Benjamin.

2 Seigneur mon Dieu, tu es mon abri,
sauve-moi,
délivre-moi de tous ceux qui me poursuivent !
3 Sinon, ils vont me déchirer comme des lions.
Ils m'emporteront,
et personne ne viendra me délivrer.

4 Seigneur mon Dieu,
est-ce que j'ai fait quelque chose de mal ?
Est-ce que j'ai été injuste envers les autres ?
5 Est-ce que j'ai rendu le mal à celui qui m'a fait du bien ?
Est-ce que j'ai volé celui qui m'en voulait sans raison ?
6 Si j'ai fait cela,

alors qu'un ennemi coure derrière moi et m'attrape !
Qu'il m'écrase tout vivant
et traîne mon honneur dans la poussière !

7 Lève-toi, Seigneur, montre ta *colère !
Mes ennemis sont furieux, arrête-les !
Réveille-toi pour me défendre,
toi qui commandes la *justice.
8 Que les peuples se rassemblent autour de toi !
Et toi, de là-haut, montre ton pouvoir sur eux !
9 Seigneur, toi qui juges les peuples,
fais-moi justice.
Je t'ai obéi et je suis innocent.
10 Arrête le mal que font les gens mauvais !
Toi qui connais les pensées et les désirs de tous,
toi, le Dieu *juste,
rends plus forts ceux qui t'obéissent.

11 Le *bouclier qui me protège, c'est Dieu,
il sauve ceux qui ont le cœur *pur.
12 Dieu juge avec justice,
mais chaque jour, il peut se mettre en colère.

13 Si l'ennemi ne change pas sa vie,
il aiguise sa lance,
il tend son arc et il vise.
14 Il prépare des armes qui tuent,
il allume des flèches pour mettre le feu.
15 Voici qu'il médite un mauvais coup.
Il porte en lui le malheur
et il accouche du mensonge.
16 Il creuse un trou profond,
mais il tombe lui-même dans le piège qu'il a tendu.
17 Le malheur qu'il a préparé
lui revient sur la tête,
sa violence lui retombe sur le crâne.

18 Je veux dire merci au Seigneur,
parce qu'il est juste,
je veux chanter le nom du Seigneur, le Très-Haut.

Gloire de Dieu et grandeur de l'homme

8 *Psaume de David, pris dans le livre du chef de chorale.*
*Avec la *harpe de Gat.*

2 Seigneur notre Maître,
ton nom est magnifique sur toute la terre!

Ta beauté dépasse la beauté du *ciel.
3 Par la bouche des enfants, des tout-petits,
tu affirmes ta puissance devant tes ennemis.
Ainsi, tu fais taire tes adversaires
qui sans cesse luttent contre toi.

4 Je regarde le ciel que tes mains ont fait,
la lune et les étoiles que tu as fixées.
5 Et je me demande:
Qu'est-ce que l'homme pour que tu penses à lui?
Qu'est-ce qu'un être humain
pour que tu prennes soin de lui?
6 Pourtant, tu l'as fait presque l'égal des *anges,
tu l'as couronné de *gloire et d'honneur.
7 Tu lui donnes pouvoir sur tout ce que tu as fait,
tu as tout mis à ses pieds:
8 moutons, chèvres et bœufs, tous ensemble,
même les bêtes sauvages,
9 les oiseaux du ciel et les poissons de la mer,
et tout ce qui passe sur les routes des mers.

10 Seigneur notre Maître,
ton nom est magnifique sur toute la terre!

Seigneur, tu n'oublies pas le cri des malheureux

9 *Psaume de David, pris dans le livre du chef de chorale.*
*Avec *instruments de musique.*

2 Seigneur, je veux te dire merci de tout mon cœur,
je veux raconter toutes tes actions magnifiques.

3 Je veux danser de joie à cause de toi
et chanter ton nom, Dieu très-haut !

4 Mes ennemis font demi-tour,
ils perdent l'équilibre et ils meurent devant toi.
5 En effet, assis sur ton siège,
tu as jugé avec *justice,
tu m'as donné raison, tu m'as bien défendu.

6 Tu as écrasé les autres peuples,
tu as fait mourir les gens mauvais,
tu as effacé leur nom pour toujours.
7 Les ennemis n'existent plus,
ils ont complètement disparu !
Tu as détruit leurs villes,
on ne sait même plus leurs noms.

8 Mais le Seigneur est roi pour toujours,
il a installé solidement son siège pour juger.
9 C'est lui qui gouverne le monde avec justice,
il ne fait pas de différence entre les peuples.

10 Le Seigneur protège avec puissance
ceux qu'on écrase,
il les protège au moment du malheur.
11 Ceux qui te connaissent,
qu'ils aient confiance en toi !
Non, tu n'abandonnes pas
ceux qui te cherchent, Seigneur !

12 Chantez le Seigneur
qui a son siège de roi à Jérusalem !
Parmi les peuples, racontez ses exploits !
13 Il recherche les assassins,
il se souvient de ceux qu'ils ont tués,
il n'oublie pas le cri des gens sans défense.

14 Pitié pour moi, Seigneur !
Regarde ma misère,
elle vient de ceux qui me détestent.

Arrache-moi aux griffes de la mort !
15 Alors je chanterai toutes tes louanges
dans la communauté de Jérusalem.
Je danserai de joie parce que tu m'as sauvé.

16 Les autres peuples sont tombés
dans le trou qu'ils ont creusé,
leurs pieds ont été pris
dans le piège qu'ils ont caché.
17 Le Seigneur s'est fait connaître,
il a rendu la justice :
il a pris les gens mauvais
dans les pièges qu'ils ont tendus.

18 Qu'ils retournent chez les morts,
les gens mauvais,
tous ces peuples qui oublient Dieu !
19 Non, Dieu n'oubliera jamais les pauvres,
les malheureux ne seront jamais sans espoir.

20 Lève-toi, Seigneur,
que les hommes ne soient pas les plus forts !
Que les autres peuples soient jugés devant toi !
21 Qu'ils aient peur de toi, Seigneur !
Alors ils comprendront : ils ne sont que des hommes.

Seigneur, détruis le pouvoir de l'homme mauvais !

10 Seigneur, tu es vraiment loin,
tu te caches au moment du malheur. Pourquoi ?

2 L'homme mauvais ne se gêne pas
pour faire souffrir durement les malheureux.
Il les prend dans les pièges qu'il prépare.
3 Cet homme-là est rempli de désirs mauvais
et il en est fier.
Parce qu'il réussit,
il maudit le Seigneur et se moque de lui.
4 Dans son orgueil,

l'homme mauvais ne se pose plus de questions.
« Dieu n'a aucun pouvoir », voilà tout ce qu'il pense.
5 Cet homme-là réussit toujours ce qu'il fait.
Les jugements de Dieu ne le touchent pas.
D'un souffle, il balaie tous ses ennemis.
6 Il se dit en lui-même :
« Je ne peux pas tomber,
je suis pour toujours à l'abri du malheur ! »

7 Sa bouche est pleine de malédictions,
de mensonge et de violence,
sa langue est mauvaise et méchante.
8 Il attend près des villages,
il se cache pour tuer l'innocent.
Ses yeux cherchent celui qui est sans appui.
9 Il se cache et il attend comme un lion dans son buisson.
Il attend pour attraper le pauvre.
Il l'attrape et il l'entraîne dans son piège.
10 Celui qui est sans appui
est renversé, écrasé
et il tombe au pouvoir de l'homme mauvais.
11 Celui-là se dit :
« Dieu oublie, il ne veut rien savoir.
Il ne voit jamais rien. »

12 Lève-toi, Seigneur !
O Dieu, fais quelque chose,
n'oublie pas les gens sans défense !
13 L'homme mauvais se moque de toi. Pourquoi ?
Il se dit :
« Dieu ne va pas me demander des comptes. »

14 Mais toi, ô Dieu, tu vois tout :
tu regardes ceux qui souffrent et qui sont malheureux.
Ils sont dans tes mains.
Celui qui est sans appui met sa confiance en toi,
et c'est toi qui viens au secours de l'orphelin.
15 Détruis le pouvoir de l'homme mauvais, du méchant !
Alors tu pourras chercher le mal qu'il a fait,
tu ne trouveras plus rien.

16 Le Seigneur est roi pour toujours,
les autres peuples ont disparu de son pays.

17 Seigneur, tu entends le désir des gens simples,
tu les encourages, tu les écoutes.
18 Tu fais *justice à l'orphelin,
à celui qu'on écrase.
Ainsi, personne, sur la terre,
ne pourra plus faire trembler les autres.

Le Seigneur est mon abri

11 *Psaume de David,*
pris dans le livre du chef de chorale.

Le Seigneur est mon abri.
Comment pouvez-vous me dire :
« Fuis dans les montagnes comme un oiseau ? »
2 Regarde ! Les gens mauvais tendent leurs arcs,
ils placent leur flèche sur la corde,
pour viser dans l'ombre ceux qui ont le cœur *pur.
3 Quand les lois qui soutiennent la société sont détruites,
que peut faire celui qui t'obéit ?

4 Le Seigneur est dans son Temple *saint,
le Seigneur a son siège de roi dans le *ciel.
De là, il regarde les habitants de la terre,
il les observe avec attention.
5 Il apprécie ceux qui lui obéissent,
mais il déteste les gens mauvais,
ceux qui aiment la violence.
6 Sur eux, le Seigneur va faire tomber
une pluie de feu et de poussière brûlante.
Un vent de tempête soufflera sur les gens mauvais.
Voilà tout ce qu'ils vont recevoir !

7 Oui, le Seigneur est *juste,
il aime tout ce qui est juste,
et ceux qui ont le cœur pur
pourront voir son visage.

Seigneur, détruis ces beaux parleurs !

12 *Psaume de David, pris dans le livre du chef de chorale. Avec *instruments à huit cordes.*

2 Seigneur, au secours !
Il n'y a plus d'amis fidèles,
ceux qui disent la vérité
ont disparu sur la terre.
3 Les gens se mentent les uns aux autres,
leur bouche fait des compliments,
mais ils ne sont pas sincères.
4 Seigneur, détruis toutes ces bouches flatteuses.
Détruis ces beaux parleurs,
5 ceux qui disent :
« Grâce à nos bouches, nous sommes les plus forts,
nous savons parler, nous n'avons peur de personne. »

6 Mais le Seigneur dit :
« Maintenant, à cause des malheureux qu'on écrase
et des pauvres qui pleurent,
je vais agir,
je vais aider celui qu'on méprise. »

7 Les paroles du Seigneur sont *pures
comme l'argent passé au feu et purifié sept fois.
8 Toi, Seigneur, tu garderas les malheureux,
et nous, tu nous protégeras toujours
contre les gens mauvais.
9 Ces gens-là sont partout,
et la corruption gagne beaucoup de monde.

Jusqu'à quand, Seigneur ?

13 *Psaume de David,
pris dans le livre du chef de chorale.*

2 Seigneur,
tu continues à m'oublier,

mais jusqu'à quand ?
Tu me caches ton visage, mais jusqu'à quand ?
3 Tous les jours, je me fais du souci,
et mon cœur est rempli de tristesse,
mais jusqu'à quand ?
Mon ennemi est plus fort que moi,
mais jusqu'à quand ?

4 Seigneur mon Dieu,
regarde, réponds-moi !
Éclaire mes yeux de ta lumière,
sinon je vais m'endormir dans la mort,
5 sinon mon ennemi va crier : « Je l'ai vaincu. »
Et si je tombe,
mes adversaires seront fous de joie.

6 Moi, je suis sûr de ton amour,
mon cœur est joyeux parce que tu me sauves !
Je veux chanter le Seigneur
pour le bien qu'il m'a fait !

Tout le monde est corrompu

14 *Psaume de David,*
pris dans le livre du chef de chorale.

Les gens stupides disent dans leur cœur :
« Dieu n'a aucun pouvoir ! »
Ces gens-là sont corrompus,
ils font des choses horribles,
personne ne fait le bien.
2 Du haut du *ciel,
le Seigneur se penche vers les habitants de la terre.
Il les regarde :
est-ce qu'il y a quelqu'un d'intelligent
qui cherche Dieu ?
3 Tous ont quitté le bon chemin,
ils sont tous corrompus.
Personne ne fait le bien,
même pas un seul !

4 Le Seigneur dit :
« Est-ce qu'ils ne comprennent pas,
tous ces gens qui font du mal ?
Ils dévorent mon peuple
comme ils mangent leur nourriture,
et ils ne font pas appel à moi. »

5 Alors ils vont trembler de peur,
car Dieu est avec ceux qui lui obéissent.
6 Vous vous moquez des projets des malheureux,
mais le Seigneur prend soin d'eux.

7 Qui viendra de Jérusalem pour sauver Israël ?
Quand le Seigneur ramènera les prisonniers de son peuple,
les fils de *Jacob danseront,
Israël sera dans la joie.

Seigneur, qui peut être reçu dans ton Temple ?

15 *Psaume de David.*

— Seigneur, qui peut être reçu dans ton Temple ?
Qui peut habiter sur ta montagne *sainte ?

2 — C'est celui qui se conduit parfaitement.
Il fait ce qui est *juste,
ses paroles sont sincères et vraies.
3 Il ne dit pas de mal des autres,
il ne fait de tort à personne,
il n'insulte pas son voisin.
4 Il méprise celui qui agit mal,
mais il honore ceux qui respectent le Seigneur.
Même s'il fait une promesse difficile à tenir,
il la tient.
5 Il prête son argent sans intérêt,
il n'accepte pas de cadeau
pour accuser un innocent.

Celui qui se conduit ainsi
ne risque pas de tomber.

Dieu seul est ma joie

16 *Poème de David.*

O Dieu, tu es mon abri,
protège-moi !
2 Je dis au Seigneur :
« Tu es mon plus grand bonheur. »

3 Dans ce pays, ceux qui appartiennent à Dieu
sont des gens de valeur,
ils me plaisent beaucoup.
4 Ceux qui choisissent un autre dieu
souffriront de plus en plus.
Faire des offrandes de sang aux faux dieux ?
Jamais !
Et ma bouche ne dira même plus leur nom.

5 Seigneur, c'est toi que je reçois en partage,
tu es la part qui me revient,
ma vie est dans ta main.
6 La part que tu me donnes, je l'apprécie.
Pour moi, c'est un cadeau magnifique.

7 Je remercie le Seigneur qui me conseille.
Même la nuit, ma *conscience me parle.
8 Sans cesse, je me souviens du Seigneur.
Puisqu'il est près de moi, je ne tombe pas.
9 Alors mon cœur se réjouit,
mon âme danse de joie,
mon corps est totalement en sécurité.
10 Non, tu ne m'abandonnes pas
dans le monde des morts,
tu ne laisses pas ton ami fidèle
pourrir dans la tombe.
11 Tu me fais connaître le chemin
qui conduit à la vie.
Quand tu es là, la joie déborde,
près de toi, le bonheur ne finit pas !

C'est toi qui me feras justice, Seigneur

17 *Prière de David.*

Seigneur, écoute ma juste demande,
sois attentif à mon cri !
Tends l'oreille à ma prière :
ma bouche ne ment pas.
2 C'est toi qui me feras *justice,
regarde bien ce qui est vrai.
3 Tu as vu le fond de mon cœur.
Pendant la nuit, tu es venu me surveiller,
tu m'as bien examiné,
tu n'as rien trouvé de mal en moi.
4 Je n'ai pas dit ce que je pense des autres.
J'ai fait ce que tu as demandé,
j'ai suivi le chemin que tu m'as montré.
5 J'ai marché sur tes pas,
je n'ai pas glissé.

6 Maintenant, je fais appel à toi, ô Dieu.
car tu me répondras,
Tends l'oreille vers moi,
écoute ce que je dis !
7 Montre-moi ton amour.
Oui, tu sauves de leurs ennemis
ceux qui te prennent comme abri.
8 Protège-moi comme ton trésor le plus précieux.
Cache-moi à l'ombre de tes ailes,
9 loin des gens mauvais qui m'attaquent,
loin des ennemis terribles qui m'entourent !

10 Leur cœur est sans pitié,
leur bouche est pleine d'orgueil.
11 Ils me suivent de très près,
maintenant, ils m'entourent,
ils attendent le moment de me jeter à terre.
12 Ils sont comme un lion caché dans le buisson,
comme un jeune lion impatient de déchirer.

13 Seigneur, lève-toi,
mets-toi devant eux, renverse-les !
Avec ton *épée, sauve-moi des gens mauvais !
14 Seigneur, par ta main, chasse-les de la terre,
loin des habitants du monde !
Voilà tout ce qu'ils méritent dans cette vie !
Remplis leur ventre des choses amères
que tu gardes pour eux !
Que leurs enfants en soient rassasiés,
et qu'il en reste encore pour leurs petits-enfants !
15 Mais moi, parce que je suis juste, je verrai ton visage.
A mon réveil, je serai rassasié de ta présence.

Le Seigneur donne de grandes victoires à son roi

18 *Chant pris dans le livre du chef de chorale.*
David, le serviteur du Seigneur, l'a chanté
quand le Seigneur l'a délivré de tous ses ennemis et de Saül[c].

2 Je t'aime, Seigneur, tu es ma force !

3 Le Seigneur est mon solide rocher,
il me protège avec puissance et me rend libre.
Mon Dieu est le rocher où je m'abrite.
Il est mon *bouclier, mon puissant défenseur
et mon sauveur.
4 Louange au Seigneur !
Je fais appel à lui, et il me sauve de mes ennemis.
5 La mort m'avait déjà attaché,
elle me faisait peur comme un fleuve en colère.
6 La mort m'avait entouré de ses chaînes,
ses pièges étaient tendus sous mes pieds.
7 Dans mon malheur, j'ai fait appel au Seigneur,
j'ai crié vers mon Dieu.
De son Temple, il a entendu ma voix,
mon cri est arrivé à ses oreilles.

c **18.1** *Voir 2 Samuel 22.1-51.*

8 Alors la terre s'est mise à bouger,
les bases des montagnes ont été secouées,
elles ont tremblé devant la *colère de Dieu.
9 Une fumée s'est élevée de ses narines,
un feu terrible est sorti de sa bouche
avec des charbons brûlants.

10 Le Seigneur a déroulé le *ciel comme un tapis
et il est descendu,
un nuage sombre sous ses pieds.
11 Le Seigneur s'est envolé, porté par les *chérubins,
il planait sur les ailes du vent.
12 Il s'est caché au cœur de la nuit,
entouré de nuages énormes,
sombres comme l'eau profonde.
13 Une lumière éclatante le précédait,
éclairs de feu et grêle[d]
jaillissaient de ses épais nuages.
14 Au ciel, le Seigneur a fait éclater son tonnerre,
le Dieu très-haut a fait entendre sa voix.
Éclairs de feu et grêle jaillissaient.
15 Le Seigneur lançait ses flèches :
ses ennemis partaient de tous côtés,
il jetait ses éclairs, et tous s'enfuyaient.
16 Seigneur, devant tes menaces,
devant la tempête de ta colère,
le fond de la mer est apparu.
Alors on a pu voir les fondations du monde.

17 D'en haut, le Seigneur a tendu la main pour me saisir,
il m'a retiré de l'eau menaçante.
18 Il m'a délivré de mon puissant ennemi,
de ces adversaires trop forts pour moi.
19 Ils ont profité de mon malheur pour m'attaquer,
mais le Seigneur est venu à mon aide.
20 Il m'a sorti du danger pour me libérer,
il m'a sauvé parce qu'il m'aime.

d **18.13** *La grêle est une pluie de cailloux de glace.*

21 J'ai obéi au Seigneur, il m'a récompensé,
j'ai fait le bien, il a été généreux envers moi.
22 J'ai suivi le chemin du Seigneur,
je n'ai pas fait le mal loin de mon Dieu.
23 Ses décisions étaient toutes devant moi,
je n'ai pas refusé ce qu'il voulait.
24 J'ai été parfait devant lui,
j'ai évité de faire le mal.
25 J'ai obéi au Seigneur,
il a vu le bien que j'avais fait,
il m'a récompensé.

26 Avec celui qui est fidèle, tu te montres fidèle,
avec celui qui est parfait, tu te montres parfait.
27 Avec celui qui est sincère, tu te montres sincère,
mais tu te montres habile avec l'homme qui est faux.
28 Tu sauves le peuple qu'on écrase,
mais tu fais baisser les yeux aux orgueilleux.
29 Seigneur, c'est toi qui allumes ma lampe,
mon Dieu, tu es la lumière dans ma nuit.
30 Avec toi, je peux attaquer mes ennemis,
avec mon Dieu, je peux franchir le mur de la ville.

31 Dieu est un guide parfait, et sa parole est sûre.
Le Seigneur protège comme un bouclier
ceux qui s'abritent en lui.
32 Qui donc est Dieu ? C'est le Seigneur.
Qui est notre solide rocher ? C'est notre Dieu.
33 Ce Dieu me remplit de force,
il me montre le bon chemin.
34 Il me fait courir aussi vite que les gazelles,
il me fait tenir debout sur les collines.
35 Il m'entraîne pour le combat,
il m'aide à plier l'arc de bronze[e].

36 Avec ton bouclier, tu me donnes la victoire,
ta main droite me soutient, ta bonté me grandit.

e **18.35** *Le bronze est un métal très solide, fait de cuivre et d'étain.*

37 Avec ton aide, je cours plus vite,
et mes chevilles restent solides.
38 Je cours derrière mes ennemis, je les rattrape,
je ne reviens pas avant de les avoir tués.
39 Je les détruis :
ils ne peuvent plus se relever.
Ils tombent par terre : les voilà sous mes pieds.
40 Tu me remplis de force pour le combat.
Ceux qui m'attaquent,
tu les fais mettre à genoux devant moi.
41 Avec ton aide,
je pose le pied sur mes ennemis[f],
et mes adversaires, je les détruis.
42 Ils crient, mais il n'y a personne pour les sauver,
ils appellent le Seigneur, mais il ne répond pas.
43 Je les écrase,
ils sont comme la poussière emportée par le vent.
Je les balaie comme les ordures des rues.

44 Le peuple se lève contre moi,
mais tu me mets à l'abri,
tu me places à la tête des autres peuples.
Des gens que je ne connais pas
deviennent mes serviteurs.
45 Dès que je parle, ils m'obéissent,
des étrangers me font des compliments.
46 Ils sont découragés,
ils sortent de leurs abris en tremblant.

47 Le Seigneur est vivant !
*Gloire à mon solide rocher !
Gloire à Dieu qui m'a sauvé !
48 C'est Dieu qui punit mes ennemis,
qui met les peuples sous mon pouvoir.
49 Tu me libères de mes ennemis.
Tu me donnes la victoire

f **18.41** *Autrefois, on mettait le pied sur le cou des ennemis tombés. Ce geste signifiait une victoire totale.*

sur ceux qui m'attaquent,
tu me délivres des gens violents.
50 C'est pourquoi, Seigneur,
je te dis merci parmi les autres peuples
et je chante ton nom.
51 Le Seigneur donne de grandes victoires à son roi.
Il montre son amour à celui qu'il a choisi[g],
à David et aux enfants de ses enfants,
pour toujours.

Gloire à Dieu pour son soleil et pour sa loi !

19 *Psaume de David,*
pris dans le livre du chef de chorale.

2 Le *ciel raconte la *gloire de Dieu,
toutes les étoiles annoncent ce qu'il a fait.
3 Chaque jour raconte cela au jour suivant,
chaque nuit le fait connaître à la nuit qui la suit.
4 Ce n'est pas un discours, il n'y a pas de paroles,
on n'entend aucun son.
5 Mais leur message se répand sur toute la terre,
et on l'entend jusqu'au bout du monde.

Là-haut, Dieu a planté une tente pour le soleil.
6 Le matin, celui-ci est comme un jeune marié
qui sort de sa maison.
Il s'élance comme un champion
heureux de courir sur la route.
7 Il se lève à un bout du ciel,
il termine sa course à l'autre bout,
et rien n'échappe à sa chaleur.

8 La *loi du Seigneur est parfaite,
elle redonne la vie.
Les ordres du Seigneur sont clairs,
ils donnent la sagesse aux ignorants.

g **18.51** *Le roi que le Seigneur a choisi, c'est le Messie.*

9 Les exigences du Seigneur sont *justes,
elles rendent le cœur joyeux.
Les commandements du Seigneur donnent la lumière,
ils permettent de voir clair.
10 Le respect du Seigneur est une chose très belle,
elle reste sans cesse valable.
Les décisions du Seigneur sont vraies,
elles sont toujours justes.
11 Elles sont plus précieuses que l'or,
que beaucoup d'or *pur,
elles sont plus délicieuses que le miel,
que le miel le plus doux.

12 Aussi tes décisions m'avertissent, moi, ton serviteur.
Si je les garde, j'aurai une belle récompense.
13 Qui peut connaître ses erreurs ?
Pardonne-moi les fautes que je ne vois pas !
14 Éloigne-moi des orgueilleux,
qu'ils n'aient aucune influence sur moi !
Ainsi je serai sans défaut,
on ne pourra pas m'accuser de faute grave.

15 Qu'elles te fassent plaisir,
les paroles de ma bouche
et les pensées de mon cœur,
Seigneur, mon solide rocher, mon défenseur !

Seigneur, sauve le roi !

20 *Psaume de David,*
pris dans le livre du chef de chorale.

2 Que le Seigneur te réponde quand tu es malheureux,
que le nom du Dieu de *Jacob te protège !
3 Qu'il t'envoie de l'aide depuis son Temple,
qu'il te soutienne depuis Jérusalem !
4 Qu'il se rappelle toutes tes offrandes,
qu'il apprécie ton *sacrifice !
5 Qu'il te donne ce que ton cœur désire,
qu'il réalise tous tes projets !

6 Alors nous crierons de joie pour ta victoire,
nous lèverons le drapeau en l'honneur de notre Dieu.
Que le Seigneur réalise toutes tes demandes !

7 Maintenant, je le sais :
le Seigneur sauve le roi qu'il a choisi[h].
Il lui répond depuis son Temple du *ciel.
Sa main droite fait des exploits pour le sauver.
8 Certains comptent sur les chars de guerre,
d'autres comptent sur leurs chevaux.
Notre force à nous,
c'est de faire appel au Seigneur notre Dieu.
9 Eux, ils deviennent faibles, puis ils tombent,
nous, debout, nous résistons.

10 Seigneur, sauve le roi !
Qu'il nous réponde quand nous l'appelons !

Le roi met sa confiance dans le Seigneur

21 *Psaume de David,*
pris dans le livre du chef de chorale.

2 Seigneur, le roi se réjouit de ta puissance.
Quand tu le sauves, il danse de joie.
3 Tu lui donnes ce que son cœur désire,
tu ne refuses pas ce que sa bouche demande.
4 Oui, tu lui apportes bonheur et bénédictions,
tu poses sur sa tête une couronne d'or.
5 Il t'a demandé de vivre,
tu lui as donné la vie,
une longue vie, toujours et pour toujours.
6 La *gloire du roi est immense
parce que tu le sauves.
Tu le couvres de prestige et d'honneur.
7 Pour toujours, tu fais de lui une bénédiction,
ta présence le remplit de joie.

h **20.7** *Voir 18.51 et la note.*

8 Oui, le roi fait confiance au Seigneur,
l'amour du Dieu très-haut l'empêche de tomber.

9 O Roi, tu domineras tous tes ennemis,
ta main droite saisira ceux qui te détestent.
10 Quand tu seras devant eux,
tu les brûleras dans un grand feu.
Dans sa *colère,
le Seigneur les détruira, et un feu les dévorera.
11 De la terre, tu feras disparaître leurs enfants,
et les enfants de leurs enfants parmi les hommes.
12 S'ils cherchent à te faire du mal,
s'ils préparent de mauvais coups contre toi,
ils ne réussiront pas.
13 Oui, tu tendras ton arc contre eux, tu les viseras
et tu les mettras en fuite.

14 Seigneur, montre ta grande puissance !
Alors à cause de tes exploits,
nous chanterons et nous jouerons pour toi.

Mon Dieu, pourquoi m'as-tu abandonné ?

22 *Psaume de David, pris dans le livre du chef de chorale.*
A chanter sur l'air de : « La biche au lever du jour ».

2 Mon Dieu, mon Dieu, pourquoi m'as-tu abandonné ?
Je crie, mais ton secours ne vient pas.
3 Mon Dieu, pendant le jour, je fais appel à toi,
mais tu ne réponds pas.
Pendant la nuit, je t'appelle encore
et je ne trouve pas le repos.

4 Pourtant, toi, le Dieu *saint,
tu es assis sur ton siège de roi,
et tu reçois sans cesse les louanges d'Israël !
5 Nos ancêtres ont mis leur confiance en toi,
en toi, ils ont mis leur confiance,
et tu les as délivrés.
6 Vers toi, ils ont crié, et tu les as libérés.

En toi, ils ont mis leur confiance,
et ils ne l'ont pas regretté.

7 Mais moi, je suis comme un ver de terre,
je ne suis plus un homme.
Les gens m'insultent et me méprisent.
8 Tous ceux qui me voient se moquent de moi.
Ils font des grimaces,
ils secouent la tête en disant :
9 « Il a fait confiance au Seigneur.
Eh bien, si le Seigneur l'aime,
il n'a qu'à le délivrer et le sauver ! »
10 Oui, tu m'as fait sortir du ventre de ma mère,
tu m'as mis en sécurité sur sa poitrine.
11 On m'a confié à toi dès ma naissance,
depuis le ventre de ma mère, tu es mon Dieu.
12 Ne reste pas loin de moi,
le malheur est proche, je n'ai personne pour m'aider.

13 Beaucoup d'ennemis m'entourent,
ils sont autour de moi comme des taureaux,
comme les puissants taureaux du Bachane[l].
14 Ils sont comme des lions,
ils ouvrent leur gueule contre moi
pour rugir et déchirer.
15 Ma force s'en va comme l'eau qui coule,
tous mes os se détachent.
Mon cœur est comme la cire,
il fond dans ma poitrine.
16 Ma gorge est sèche comme un morceau de terre cuite,
et ma langue reste collée dans ma bouche.
Tu me mets déjà au bord de la tombe.

17 Un groupe de bandits m'entourent,
ils sont autour de moi comme des chiens.
Ils m'ont percé les mains et les pieds.

l **22.13** *Le Bachane était situé au nord-est de la Palestine, au-delà du Jourdain. C'était une région de montagnes riche en troupeaux.*

18 Je suis très maigre : on peut compter tous mes os.
Mes ennemis me fixent attentivement.
19 Entre eux, ils partagent mes habits.
Ils tirent au sort*J*
pour savoir qui aura mes vêtements.

20 Mais toi, Seigneur, ne reste pas loin de moi !
Toi qui es ma force, vite, au secours !
21 Protège-moi d'une mort violente,
arrache-moi aux griffes des chiens !
22 Sauve-moi de la gueule des lions
et de la corne des buffles !

Tu m'as répondu !
23 J'annoncerai ton nom à mes frères et à mes sœurs.
Au milieu de l'assemblée, je chanterai tes louanges.
24 — Vous qui respectez le Seigneur,
chantez ses louanges !
Tous les fils de *Jacob, rendez-lui *gloire,
tous les fils d'Israël, tremblez devant lui !

25 Le Seigneur n'a pas méprisé le malheureux
dans son malheur,
il ne l'a pas rejeté,
il n'a pas détourné son visage de lui.
Le malheureux a crié vers le Seigneur,
et le Seigneur l'a écouté.

26 Grâce à toi, Seigneur,
je peux chanter tes louanges dans la grande assemblée.
Devant ceux qui te respectent,
je ferai ce que j'ai promis.
27 Les pauvres mangeront, ils n'auront plus faim.
Ceux qui cherchent le Seigneur
chanteront ses louanges.
Qu'ils vivent pour toujours !

J **22.19** *Ils font une sorte de jeu pour désigner quelqu'un par le hasard.*

28 Toute la terre se souviendra du Seigneur
et reviendra vers lui,
toutes les familles des autres peuples l'adoreront.
29 Oui, le Seigneur est roi,
il gouverne les peuples.
30 Ceux qui sont pleins de vie mangent et l'adorent.
Tous ceux qui vont mourir,
ceux qui ne peuvent rester en vie,
se mettront à genoux devant lui.
31 Leurs enfants le serviront.
On parlera du Seigneur à la génération d'aujourd'hui.
32 A ceux qui vont naître,
on racontera ce qu'il a fait pour sauver son peuple.

Le Seigneur est mon berger

23 *Psaume de David.*

Le Seigneur est mon berger,
je ne manque de rien.
2 Il me fait reposer dans des champs d'herbe verte,
il me conduit au calme près de l'eau,
3 il me rend des forces,
il me guide sur le bon chemin,
pour la *gloire de son nom.
4 Même si je traverse la sombre vallée de la mort,
je n'ai peur de rien, Seigneur,
car tu es avec moi.
Ton bâton de berger est près de moi,
il me rassure.

5 Tu m'offres un bon repas
sous les yeux de mes ennemis.
Tu verses sur ma tête de l'huile parfumée,
tu me donnes à boire en abondance.
6 Oui, tous les jours de ma vie,
ton amour m'accompagne,
et je suis heureux.
Je reviendrai pour toujours
dans la maison du Seigneur.

Le Seigneur de l'univers entre dans son Temple

24 *Psaume de David.*

Le Seigneur possède le monde et ses richesses,
la terre et tous ses habitants.
2 C'est lui qui l'a plantée sur les mers,
il l'a fixée solidement au-dessus de l'eau.

3 — Qui peut monter sur la montagne du Seigneur?
Qui va se tenir dans son Temple *saint?
4 — Ceux qui n'ont rien fait de mal
et qui ont le cœur *pur,
ceux qui ne se tournent pas vers le mensonge
et qui ne jurent pas pour tromper.
5 Ils recevront la bénédiction du Seigneur,
et Dieu, leur sauveur, les reconnaîtra comme *justes.
6 Voilà ceux qui cherchent vraiment le Seigneur,
ceux qui cherchent le visage de Dieu,
voilà le vrai peuple de *Jacob.

7 Portes, ouvrez-vous largement!
Ouvrez-vous, portes anciennes!
Laissez entrer le roi glorieux!
8 — Qui est ce roi glorieux?
— C'est le Seigneur: il est fort et courageux,
le Seigneur est le héros des combats.
9 Portes, ouvrez-vous largement!
Ouvrez-vous, portes anciennes!
Laissez entrer le roi glorieux!
10 — Qui est ce roi glorieux?
— C'est le Seigneur de l'univers, c'est lui, le roi glorieux.

Guide-moi et pardonne mes fautes, Seigneur!

25 *De David.*

Seigneur mon Dieu, je me tourne vers toi.
2 J'ai confiance en toi:

ne me laisse pas couvert de honte !
Que mes ennemis ne se moquent pas de moi !
3 Pour ceux qui comptent sur toi, pas de honte,
mais la honte est pour ceux qui te trahissent.
Qu'ils restent les mains vides !

4 Seigneur, fais-moi connaître le chemin à suivre,
apprends-moi à vivre comme tu veux.
5 Conduis-moi sur le chemin de ta vérité.
Enseigne-moi, car tu es le Dieu qui me sauve,
et je compte sur toi tous les jours.
6 Seigneur, souviens-toi de ta tendresse
et de ton amour,
car ils existent depuis toujours.
7 Seigneur, oublie les fautes de ma jeunesse
et mes péchés,
mais à cause de ton amour, Seigneur,
souviens-toi de moi, toi qui es bon.

8 Oui, le Seigneur est bon et *juste,
il montre aux pécheurs la route à suivre.
9 Il guide les gens simples
sur le chemin juste.
il leur apprend à faire ce qu'il veut.
10 Chaque enseignement du Seigneur montre son amour fidèle
à ceux qui suivent les règles de son *alliance.

11 Seigneur, pour la *gloire de ton nom,
pardonne ma faute qui est si grande.
12 Si quelqu'un respecte le Seigneur,
le Seigneur lui montre quel chemin choisir.
13 Il vivra dans le bonheur,
et ses enfants posséderont le pays.
14 Le Seigneur confie ses secrets à ceux qui le respectent,
il leur fait connaître son alliance.
15 Mes yeux regardent toujours le Seigneur.
Oui, il me sortira du piège où je suis.

16 Tourne-toi vers moi, Seigneur, aie pitié de moi,
je suis seul et malheureux.

17 Mon cœur étouffe de plus en plus,
délivre-moi de ma peur !
18 Vois mon malheur et ma peine,
enlève tous mes péchés.
19 Regarde mes ennemis : ils sont très nombreux,
et leur haine est violente.
20 Protège-moi, délivre-moi !
Tu es mon abri,
ne me laisse pas couvert de honte !
21 Je compte sur toi,
garde-moi sans faute et toujours fidèle.

22 O Dieu, libère Israël de tout ce qui l'écrase !

Seigneur, ne me traite pas comme les coupables !

26 *De David.*

Seigneur, fais-moi *justice !
Moi, je me conduis parfaitement.
Je fais confiance au Seigneur,
je ne risque pas de tomber.
2 Regarde-moi bien, Seigneur,
mets-moi à l'épreuve,
examine le fond de mon cœur.

3 Ton amour est devant mes yeux,
et je vis de ta fidélité.
4 Je ne m'assois pas avec les gens faux
et je ne vais pas avec les menteurs.
5 Je déteste la bande de ceux qui font le mal,
je ne m'assois pas avec les méchants.

6 Je lave mes mains pour montrer mon innocence.
Je fais le tour de ton *autel, Seigneur,
7 pour te dire merci à pleine voix,
et raconter toutes tes actions magnifiques.
8 Seigneur, j'aime la maison où tu habites,
le lieu où ta *gloire est présente.

9 Ne me traite pas comme les coupables,
ne me fais pas mourir comme les assassins.
10 Ils font des choses horribles,
ils se laissent sans cesse corrompre par des cadeaux.
11 Moi, je me conduis parfaitement.
Seigneur, délivre-moi, aie pitié de moi !
12 Je marche sur un chemin sûr
et dans les assemblées, je dirai merci au Seigneur.

Près du Seigneur, je n'ai pas peur

27 *Psaume de David.*

Le Seigneur est ma lumière et il me sauve,
je n'ai peur de personne.
Le Seigneur protège ma vie avec puissance,
je ne tremble devant personne.
2 Quand des gens mauvais s'avancent
pour me détruire,
ce sont eux, mes ennemis féroces,
qui perdent l'équilibre et qui tombent.
3 Si une armée se prépare à m'attaquer,
je n'ai pas peur.
Même si on me fait la guerre, je garde confiance.
4 Je demande une chose au Seigneur,
je cherche une seule chose :
habiter la maison du Seigneur
tous les jours de ma vie.
Là, je veux contempler sa beauté
et l'admirer dans son Temple.
5 Oui, quand tout va mal,
le Seigneur m'abrite sous son toit.
Il me cache au fond de sa maison,
il me place en sécurité au sommet d'un rocher.
6 Maintenant je regarde fièrement
les ennemis qui m'entourent.
Dans la maison du Seigneur,
je peux offrir des *sacrifices
au milieu des cris de joie.
Je veux chanter, je veux jouer pour le Seigneur.

7 Écoute-moi, Seigneur, je t'appelle !
Aie pitié de moi, réponds-moi !
8 Je pense à ce que tu as dit : « Cherchez mon visage ! »
Seigneur, c'est ton visage que je cherche.
9 Ne me cache pas ton visage,
ne me repousse pas avec *colère !
C'est toi, mon secours,
ne me quitte pas, ne m'abandonne pas,
Dieu, mon sauveur !
10 Même si mon père et ma mère m'abandonnent,
le Seigneur me recevra.
11 Seigneur, montre-moi ton chemin,
conduis-moi sur une route sans obstacle
à cause de ceux qui me surveillent en cachette.
12 Ne me livre pas aux griffes de mes adversaires.
Oui, de faux *témoins se lèvent contre moi, en crachant la violence.
13 Mais j'en suis sûr, je verrai la bonté du Seigneur
sur cette terre où nous vivons.

14 — Compte sur le Seigneur,
sois fort, reprends courage,
compte sur le Seigneur !

Au secours, Seigneur !

28

De David.

Seigneur, mon solide rocher, je fais appel à toi,
ne reste pas sourd à mes cris !
Si tu ne me réponds pas,
je vais ressembler à ceux qui descendent dans la tombe.
2 Je t'en supplie, écoute-moi
quand je crie vers toi,
quand je lève les mains
vers le *lieu très saint de ton Temple.

3 Ne me traite pas comme les gens mauvais,
ni comme ceux qui font du mal.
Avec leurs amis, ils parlent gentiment,
mais leur cœur est méchant.

4 Fais-leur payer leurs actes et leurs crimes!
Agis avec eux comme ils ont agi,
rends-leur ce qu'ils méritent!
5 Ils ne font pas attention aux actions du Seigneur,
ni au travail de ses mains.
Alors, que le Seigneur les détruise,
qu'il ne les relève pas!

6 Merci au Seigneur!
Il m'a écouté quand j'ai crié vers lui.
7 Le Seigneur me protège avec puissance,
il est mon *bouclier.
Je lui ai fait confiance, il est venu à mon aide.
Mon cœur danse de joie,
je remercie le Seigneur en chantant.

8 Le Seigneur est la force de son peuple,
il protège avec puissance le roi qu'il a choisi,
il le sauve.
9 Sauve ton peuple, bénis ceux qui t'appartiennent,
sois leur berger, prends soin d'eux pour toujours!

La voix du Seigneur est puissante

29 *Psaume de David.*

Puissances du *ciel[k], reconnaissez le Seigneur,
reconnaissez sa *gloire et son pouvoir,
2 reconnaissez la gloire de son nom!
Voici le Seigneur: il est *saint.
Adorez-le avec respect.

3 La voix du Seigneur gronde sur les eaux,
le Dieu plein de gloire fait éclater le tonnerre,
le Seigneur domine les eaux immenses.
4 La voix du Seigneur est puissante,
la voix du Seigneur est éclatante.

k 29.1 *Les puissances du ciel sont les anges qui servent Dieu.*

5 La voix du Seigneur casse les *cèdres,
le Seigneur brise avec violence les cèdres du Liban.
6 Il fait bondir les montagnes du Liban
comme un jeune taureau,
et la montagne de l'Hermon comme un jeune buffle.

7 La voix du Seigneur fait jaillir les éclairs.
8 La voix du Seigneur fait trembler le désert,
le Seigneur fait trembler le désert de Cadès.
9 La voix du Seigneur fait trembler les grands arbres,
elle arrache les arbres des forêts.

Et dans son Temple, tous disent :
« Gloire à Dieu ! »
10 Le Seigneur est assis sur son siège de roi
au-dessus des mers,
oui, le Seigneur est roi pour toujours.

11 Le Seigneur donne la puissance à son peuple,
le Seigneur bénit son peuple
en lui donnant la paix.

Seigneur, tu m'as remis debout !

30

Psaume de David,
pour la consécration du Temple.

2 Seigneur, vraiment tu es grand et je te chante.
Oui, tu m'as remis debout,
tu n'as pas laissé mes ennemis se moquer de moi.

3 Seigneur mon Dieu, j'ai crié vers toi,
et tu m'as guéri.
4 Seigneur, tu m'as fait remonter du monde des morts.
Je descendais dans la tombe,
mais tu m'as rendu la vie.

5 Chantez pour le Seigneur,
vous, ses amis fidèles !
Son nom est *saint, dites-lui merci.

6 Oui, sa *colère dure peu de temps,
mais sa bonté dure toute la vie.
Le soir, on pleure encore,
mais le matin, c'est un cri de joie.

7 Quand j'étais tranquille, je disais :
« Je ne tomberai jamais ! »
8 Seigneur, tu étais bon,
grâce à toi, je me sentais en sécurité.
Mais tu as caché ton visage et j'ai eu très peur.
9 Seigneur, je fais appel à toi,
je crie vers toi qui es mon Maître.
10 Quel intérêt pour toi si je meurs,
si je descends dans la tombe ?
Est-ce que les morts peuvent te dire merci ?
Est-ce qu'ils peuvent raconter ta fidélité ?
11 Écoute-moi, Seigneur, aie pitié de moi !
Seigneur, viens à mon aide !

12 Tu as changé mon chant de tristesse
en une danse joyeuse,
tu as remplacé mon vêtement de deuil
par un habit de fête.
13 Alors je chanterai pour toi et je ne me tairai pas,
Seigneur mon Dieu, je te dirai toujours merci.

Seigneur, je remets ma vie dans tes mains

31

Psaume de David,
pris dans le livre du chef de chorale.

2 Le Seigneur est mon abri,
que je ne sois jamais couvert de honte !
Tu es fidèle, délivre-moi !
3 Tends l'oreille vers moi,
viens vite à mon secours !
Sois pour moi le solide rocher qui m'abrite,
l'endroit sûr qui peut me sauver.
4 Oui, mon rocher, c'est toi,
et tu me protèges avec puissance.

Guide-moi et conduis-moi
pour la *gloire de ton nom.
5 Fais-moi sortir du piège qu'ils m'ont tendu,
car toi, tu me protèges avec puissance !
6 Je remets ma vie dans tes mains.
Tu m'as libéré, Seigneur, toi le Dieu fidèle.
7 Je déteste ceux qui adorent les faux dieux,
moi, j'ai confiance dans le Seigneur.

8 Je danse de joie à cause de ton amour,
car tu as vu mon malheur,
tu as compris ma grande souffrance.
9 Tu ne m'as pas livré aux mains de l'ennemi,
tu m'as remis debout,
tu m'as rendu la liberté.

10 Seigneur, pitié pour moi ! J'étouffe !
Mes yeux sont brûlés par le chagrin,
je suis complètement épuisé.
11 Je passe ma vie à souffrir
et mes années à gémir.
Mes péchés m'enlèvent toute énergie,
et mes forces m'abandonnent.
12 Tous mes ennemis, et surtout mes voisins,
me lancent des insultes.
Ceux qui me connaissent ont peur de moi.
S'ils me voient dans la rue, ils s'enfuient.
13 Je suis comme un mort qu'on oublie,
je ressemble à un plat cassé.
14 J'entends les mensonges
que beaucoup disent sur moi :
« Il fait peur à tout le monde. »
Tous ensemble, ils se mettent d'accord contre moi,
ils ont l'intention de me faire mourir.

15 Mais moi, j'ai confiance en toi, Seigneur.
Je dis : « Mon Dieu, c'est toi. »
16 Mes jours sont dans tes mains,
délivre-moi de mes ennemis,
de ceux qui me poursuivent !

17 Je suis ton serviteur,
fais briller sur moi ton visage,
sauve-moi par ton amour !
18 Seigneur, quand je fais appel à toi,
ne me laisse pas couvert de honte,
mais remplis de honte les gens mauvais !
Qu'ils se taisent pour toujours
dans le monde des morts !
19 Ferme la bouche de ces menteurs !
Oui, ils parlent sans respect, avec orgueil et mépris,
contre celui qui t'obéit.
20 Seigneur, ils sont grands,
les bienfaits que tu réserves à ceux qui te respectent !
Devant tout le monde,
tu les offres à ceux qui se réfugient en toi.
21 Eux, tu les caches à l'abri de ton visage,
loin des attaques des gens,
tu les protèges contre les paroles méchantes.

22 Merci au Seigneur !
J'étais comme une ville attaquée,
mais son amour a fait pour moi des actions étonnantes.
23 J'étais désespéré et je pensais :
« Tu m'as chassé loin de tes yeux. »
Mais tu m'as entendu quand je t'ai supplié,
quand j'ai crié vers toi.

24 Aimez le Seigneur,
vous tous, ses amis fidèles.
Le Seigneur protège ceux qui croient en lui,
mais il punit durement les orgueilleux.
25 Soyez forts, reprenez courage,
vous tous qui comptez sur le Seigneur !

Le pardon de Dieu rend heureux

32 *Enseignement de David.*

Voici l'homme heureux :
Dieu enlève sa faute, il pardonne son péché.

2 Voici l'homme heureux :
Il ne trompe personne,
et Dieu ne tient pas compte de sa faute.

3 Avant, je ne reconnaissais pas mes torts,
je me plaignais toute la journée,
et mes forces s'en allaient.
4 Nuit et jour, ta main pesait sur moi
et j'étais faible
comme une plante brûlée par le soleil.
5 Mais je t'ai fait connaître mon péché,
je n'ai pas caché ma faute.
J'ai dit :
« J'avouerai mes fautes au Seigneur. »
Et toi, tu as enlevé le poids de mon péché.

6 C'est pourquoi tes amis fidèles
doivent tous te prier
quand ils découvrent leur faute.
Alors, si un grand danger les menace,
ils ne seront pas touchés.
7 Tu es mon abri,
tu me protèges du malheur,
tu m'entoures de cris de victoire.

8 Le Seigneur m'a dit :
— Je vais t'enseigner
et te montrer la route à suivre.
Je vais te donner un conseil
en gardant les yeux fixés sur toi :
9 Le cheval et le mulet sont stupides,
il faut les freiner et les guider
pour les faire obéir.
Ne leur ressemble pas !
Alors rien de mal ne t'arrivera.

10 L'homme mauvais va beaucoup souffrir,
mais le Seigneur enveloppe de son amour
celui qui a confiance en lui.
11 Réjouissez-vous à cause du Seigneur,

dansez de joie, vous qui lui obéissez !
Criez de joie, vous tous qui avez le cœur *pur !

Louange au créateur et au sauveur du monde

33 Criez de joie pour le Seigneur,
vous qui lui obéissez.
Pour ceux qui ont le cœur *pur,
il est bon de chanter ses louanges.
2 Remerciez le Seigneur avec la *cithare,
jouez pour lui sur la *harpe à dix cordes.
3 Chantez pour lui un chant nouveau,
rythmez bien vos cris de joie
avec tous vos *instruments.

4 Oui, les paroles du Seigneur sont vraies,
on peut avoir confiance en tout ce qu'il fait.
5 Le Seigneur aime ce qui est *juste
et en accord avec la *loi.
L'amour du Seigneur remplit la terre.
6 Par sa parole, le Seigneur a fait le *ciel,
et par le souffle de sa bouche,
toute l'armée des étoiles.
7 Derrière un grand mur, il rassemble l'eau des mers,
les océans, il les garde en réserve.
8 Que toute la terre respecte le Seigneur,
que tous les habitants du monde tremblent devant lui !
9 Car il a parlé, et le monde a commencé,
il a commandé, et cela est arrivé.

10 Le Seigneur défait les plans des autres peuples,
il détruit tous leurs projets.
11 Le plan du Seigneur existe pour toujours,
les projets de son cœur sont valables
de génération en génération.
12 Il est heureux,
le pays qui a le Seigneur comme Dieu !
Il est heureux,
le peuple que le Seigneur a choisi
comme son trésor !

13 Du haut du ciel, le Seigneur regarde,
il aperçoit tous les humains.
14 Du siège où il est assis,
il observe tous les habitants de la terre.
15 C'est lui qui a formé le cœur de chacun,
il connaît toutes leurs actions.

16 A la guerre,
le roi n'est pas sauvé par sa puissante armée,
le héros n'est pas délivré par sa grande énergie.
17 Le cheval ne sert à rien pour la victoire,
sa grande force ne sauve pas le cavalier.
18 Mais le Seigneur veille sur ceux qui le respectent,
sur ceux qui espèrent en son amour.
19 Il les délivrera de la mort
et les gardera en vie pendant la famine.
20 Et nous, nous attendons le Seigneur,
il est notre secours et notre *bouclier.
21 La joie de notre cœur vient de lui,
nous avons confiance dans le Dieu *saint.
22 Seigneur, que ton amour repose sur nous,
comme nous l'espérons de toi !

Grâce au Seigneur, je n'ai plus peur de rien

34 *De David.*
Devant le roi Abimélek, David fait semblant d'être fou et Abimélek le chasse.
Quand David s'en va, il dit[l] :

2 Je veux remercier le Seigneur à chaque instant,
ma bouche chantera toujours ses louanges.
3 Je suis très fier du Seigneur.
Vous, les gens simples,
écoutez-moi et soyez dans la joie !
4 Dites avec moi : « Dieu est grand ! »,
chantons tous ensemble son nom.

l **34.1** *Voir 1 Samuel 21.11-16.*

5 J'ai cherché le Seigneur et il m'a répondu,
je n'ai plus peur de rien.

6 Ceux qui regardent vers lui brillent de joie,
et leur visage n'est pas couvert de honte.
7 Quand un malheureux crie, le Seigneur entend,
il le sauve de tout ce qui lui fait peur.
8 *L'ange du Seigneur monte la garde
autour de ceux qui respectent Dieu,
il les délivre.
9 Goûtez et voyez comme le Seigneur est bon.
Il est heureux,
celui qui s'abrite en lui !
10 Vous qui appartenez au Seigneur,
respectez-le !
Rien ne manque à ceux qui le respectent.
11 Les riches peuvent connaître le besoin et la faim,
mais ceux qui cherchent le Seigneur
ne manquent d'aucun bien.

12 Venez, mes amis, écoutez-moi !
Je vais vous apprendre le respect du Seigneur.
13 Est-ce que tu aimes la vie ?
Est-ce que tu veux connaître des jours heureux ?
14 Alors ne dis pas de mal des autres,
évite les mensonges.
15 Fuis le mal et fais le bien,
recherche la paix et poursuis-la.
16 Les yeux du Seigneur se tournent
vers ceux qui lui obéissent,
ses oreilles entendent leurs cris.
17 Mais il s'oppose à ceux qui font du mal,
il veut rayer leur nom de la terre.
18 Ceux qui lui obéissent,
le Seigneur les entend quand ils crient vers lui,
et il les délivre de tout ce qui leur fait peur.
19 Le Seigneur est proche
de ceux qui ont le cœur brisé,
il sauve les gens découragés.
20 Celui qui obéit à Dieu souffre beaucoup,

mais le Seigneur le délivre de toutes ses souffrances.
21 Il le protège :
aucun de ses os ne sera brisé.
22 L'homme mauvais mourra à cause de sa méchanceté,
les ennemis de ceux qui obéissent à Dieu seront punis.
23 Le Seigneur sauve la vie de ses serviteurs.
Parmi ceux qui s'abritent en lui,
aucun ne sera puni.

Seigneur, accuse ceux qui m'accusent !

35

De David.

Seigneur, accuse ceux qui m'accusent,
attaque ceux qui m'attaquent.
2 Prends tes *boucliers, le petit et le grand,
lève-toi et viens à mon aide !
3 Avec la lance et la hache de guerre,
frappe ceux qui me poursuivent.
Dis à mon cœur :
« C'est moi qui te sauve ! »

4 Ceux qui veulent me tuer,
qu'ils soient couverts de honte,
qu'ils perdent leur honneur !
Ceux qui ont l'intention de me faire du mal,
qu'ils reculent pleins de honte !
5 Que *l'ange du Seigneur les chasse,
et qu'ils soient comme la paille emportée par le vent !
6 Que l'ange du Seigneur les poursuive,
et qu'ils glissent sur leur chemin sombre !
7 Sans raison, ils m'ont tendu un piège
au-dessus d'un trou,
sans raison, ils l'ont creusé pour moi.
8 Qu'un immense malheur tombe sur eux tout à coup !
Que le piège caché qu'ils ont tendu les attrape,
qu'ils soient détruits par ce malheur immense !

9 Alors je danserai de joie grâce au Seigneur,
je me réjouirai parce qu'il m'a sauvé.

10 De tout mon cœur, je dirai :
« Seigneur, qui est comme toi ?
Tu délivres le malheureux
de ceux qui sont plus forts que lui.
Le malheureux et le pauvre,
tu les délivres de ceux qui les pillent. »

11 De faux *témoins se présentent :
ils m'interrogent sur des choses que j'ignore.
12 Ils me rendent le mal pour le bien,
tout le monde m'abandonne.
13 Quand ils étaient malades,
moi, je mettais un vêtement de deuil.
Je m'abaissais en *jeûnant
et je priais sans cesse.
14 J'agissais comme pour un ami, pour un frère,
j'étais sombre et en deuil,
comme si j'avais perdu ma mère.

15 Mais eux, quand je perds l'équilibre,
ils se mettent à rire
et ils se rassemblent contre moi.
Des étrangers, des gens que je ne connais pas,
crient sans cesse contre moi.
16 Sans cesse, ces menteurs se moquent de moi
et me montrent leurs dents menaçantes.

17 Seigneur, tu vas regarder cela
pendant combien de temps ?
Délivre-moi de ces gens mauvais,
arrache-moi aux griffes de ces lions !
18 Je te dirai merci dans la grande assemblée,
au milieu d'une grande foule, je chanterai tes louanges.
19 Ceux qui m'en veulent injustement,
qu'ils ne se moquent pas de moi !
Ceux qui me détestent sans raison,
qu'ils arrêtent de se faire des clins d'œil !
20 Non, ils ne parlent pas de paix,
mais ils inventent des mensonges
contre les gens tranquilles du pays.

21 Contre moi, ils se mettent à crier avec force :
« Ha ! ha ! Nous l'avons vu de nos yeux ! »

22 Seigneur, toi, tu as vu,
ne garde pas le silence, ne reste pas loin de moi !
23 Mon Dieu, mon Seigneur, réveille-toi !
Lève-toi pour me faire *justice,
pour prendre ma défense !
24 Seigneur, mon Dieu, toi qui es *juste,
fais-moi justice !
Que ces gens-là ne soient pas fous de joie
à cause de moi !
25 Il ne faut pas qu'ils disent :
« Enfin, voilà ce que nous voulions !
Nous l'avons avalé ! »
26 Ceux qui se réjouissent de mon malheur,
qu'ils soient tous pleins de honte
et perdent leur honneur !
Ceux qui se croyaient plus forts que moi,
qu'ils soient couverts de honte et d'insultes !

27 Mais ceux qui voulaient pour moi la justice,
qu'ils poussent des cris de joie !
Qu'ils disent toujours : « Le Seigneur est grand,
il veut le bonheur de son serviteur. »

28 Et moi, je redirai que tu es fidèle.
Tous les jours, je chanterai tes louanges.

Seigneur, la source de la vie est en toi

36 *Psaume de David, le serviteur du Seigneur.*
Chant pris dans le livre du chef de chorale.

2 Au fond de mon cœur,
je garde une phrase de l'homme mauvais.
Dans sa révolte, il dit :
« Je ne vois pas pourquoi Dieu me ferait peur. »
3 Cet homme-là est trop content de lui,
il ne peut donc pas reconnaître sa faute ni la détester.

4 Tout ce qui sort de sa bouche est mauvais,
et il ment.
Faire le bien, cela n'a plus de sens pour lui.
5 Quand il est couché, il prépare ses mauvais coups.
Il suit une route qui n'est pas bonne,
il ne rejette pas le mal.

6 Seigneur, ton amour va jusqu'au *ciel,
ta fidélité monte jusqu'aux nuages.
7 Ta *justice dépasse les plus hautes montagnes,
tes décisions sont profondes comme la mer.
Seigneur, tu sauves les hommes et les bêtes.
8 Ton amour, mon Dieu, est vraiment précieux,
les humains s'abritent à l'ombre de tes ailes.
9 Dans ta maison, tu leur donnes une nourriture abondante,
tu les fais boire au fleuve de ta bonté.

10 La source de la vie est en toi,
à ta lumière, nous voyons la lumière.
11 Garde ton amour à ceux qui te connaissent,
et ta fidélité à ceux qui ont le cœur *pur.
12 Que l'orgueilleux n'entre pas chez moi,
que les gens mauvais ne me jettent pas dehors !
13 Voilà qu'ils tombent, ceux qui font du mal,
ils sont renversés,
ils ne peuvent plus se mettre debout.

Conseils pour se conduire avec sagesse et aimer Dieu

37 *De David.*

Ne te mets pas en colère contre les gens mauvais,
ne sois pas jaloux des gens malhonnêtes.
2 Oui, ils sécheront aussi vite que l'herbe,
comme les feuilles vertes, ils se faneront.

3 Mets ta confiance dans le Seigneur,
fais ce qui est bien.
Alors tu resteras dans le pays en toute sécurité.

4 Trouve ta joie dans le Seigneur,
il te donnera ce que ton cœur désire.

5 Confie ta vie au Seigneur,
aie confiance en lui et il agira.
6 Il fera paraître ton innocence
comme la lumière du matin,
et ta juste cause comme le soleil de midi.

7 Reste en silence devant le Seigneur, attends-le.
Ne te mets pas en colère contre celui qui réussit,
contre l'homme qui fait de mauvais coups.

8 Laisse la colère, ne sois pas furieux.
Calme-toi, sinon cela va mal finir.
9 Oui, ceux qui font du mal seront supprimés.
Mais ceux qui comptent sur le Seigneur
posséderont le pays.
10 Encore un peu de temps :
il n'y aura plus d'homme mauvais.
Tu regardes l'endroit où il était :
il n'y a plus personne.
11 Mais les gens simples posséderont le pays,
ils goûteront une grande paix.

12 L'homme mauvais prépare de mauvais coups
contre celui qui obéit à Dieu.
Contre lui, il montre ses dents menaçantes.
13 Mais le Seigneur se moque de l'homme mauvais,
car il voit venir le jour où il sera jugé.

14 Les gens mauvais prennent leur lance.
Ils préparent leur arc
pour faire tomber le malheureux et le pauvre,
pour tuer l'homme qui suit le bon chemin.
15 Mais cette lance entrera dans le cœur des gens mauvais,
et leurs arcs se casseront.

16 La pauvreté de celui qui obéit à Dieu
vaut mieux que la richesse

de tous les gens mauvais.
17 Oui, le pouvoir des méchants sera détruit,
mais le Seigneur soutient ceux qui lui obéissent.

18 Le Seigneur connaît la vie
de ceux qui se conduisent parfaitement.
Le pays qu'ils ont reçu en partage
leur appartiendra pour toujours.
19 Quand le malheur viendra,
ils ne seront pas couverts de honte.
Quand la famine sera là, ils mangeront bien.

20 Oui, les gens mauvais vont mourir,
les ennemis du Seigneur disparaîtront
comme l'herbe des champs.
Ils partiront en fumée,
en fumée, ils partiront.

21 L'homme mauvais emprunte, il ne rend pas,
mais celui qui obéit à Dieu a pitié, il partage.
22 Ceux que le Seigneur bénit posséderont le pays.
Ceux qu'il maudit seront supprimés.
23 Quand la vie de quelqu'un plaît au Seigneur,
le Seigneur l'aide à marcher avec assurance.
24 S'il perd l'équilibre, il ne tombe pas,
car le Seigneur le tient par la main.

25 J'ai été jeune et maintenant je suis vieux.
Mais je n'ai jamais vu sans secours
quelqu'un qui obéit à Dieu,
je n'ai jamais vu ses enfants mendier leur nourriture.
26 Tous les jours,
celui qui obéit à Dieu a pitié et il prête,
ses enfants sont pour lui une bénédiction.

27 Évite le mal,
fais ce qui est bien,
et tu habiteras ce pays pour toujours.
28 Oui, le Seigneur aime ce qui est *juste,
il n'abandonne pas ses amis fidèles.

Il les garde pour toujours,
mais les enfants des gens mauvais seront supprimés.
29 Ceux qui obéissent à Dieu posséderont le pays,
ils y resteront pour toujours.

30 L'homme qui obéit à Dieu dit ce qui est sage,
sa bouche exprime ce qui est juste.
31 La *loi de son Dieu est dans son cœur,
il ne risque pas de tomber.

32 Les gens mauvais attendent celui qui obéit à Dieu,
ils cherchent à le faire mourir.
33 Mais le Seigneur ne l'abandonne pas
entre leurs mains.
S'il doit être jugé,
il ne le laisse pas condamner.

34 Mets ton espoir dans le Seigneur,
suis son chemin.
Il te rendra grand
pour que tu possèdes le pays,
et tu verras les méchants supprimés.

35 J'ai vu l'homme mauvais devenir très puissant,
il se développait comme les *cèdres du Liban.
36 Mais il est parti, il n'existe plus.
Je l'ai cherché : il a disparu.

37 Regarde l'homme honnête, vois l'homme au cœur *pur.
Celui qui aime la paix vivra longtemps.
38 Au contraire,
les pécheurs seront détruits tous ensemble,
et les enfants des gens mauvais seront supprimés.

39 Le Seigneur sauve ceux qui lui obéissent.
Quand un malheur arrive,
il les protège avec puissance.
40 Le Seigneur les aide et les délivre.
Il les délivre des gens mauvais et il les sauve,
parce qu'ils s'abritent en lui.

Mes fautes dépassent ma tête

38

Psaume de David,
pour que Dieu se souvienne.

2 Seigneur, tu es en *colère contre moi,
mais ne me condamne pas!
Tu en as assez de moi, mais ne me punis pas!
3 Oui, tes flèches m'ont touché
et ta main m'a frappé.

4 A cause de ta colère,
tout mon corps est malade.
A cause de mon péché,
rien n'est bon dans mes os.
5 Oui, mes fautes dépassent ma tête,
elles pèsent sur moi comme une charge trop lourde.

6 Mes plaies remplies de pus sentent mauvais,
tout cela à cause de ma bêtise.
7 Je suis abattu et complètement découragé,
je passe mes journées dans la tristesse.

8 Mes reins sont brûlants de fièvre,
tout mon corps est malade.
9 Je suis sans force, complètement brisé,
mon cœur souffre, et je me plains.

10 Seigneur, tous mes désirs sont devant toi,
ma plainte n'est pas cachée pour toi.
11 Mon cœur bat violemment, mes forces s'en vont,
même la lumière de mes yeux a disparu.

12 Mes amis et mes voisins reculent devant mes plaies,
mes parents restent loin de moi.
13 Ceux qui veulent ma mort
me tendent des pièges,
ceux qui cherchent mon malheur
parlent pour me détruire.

Toute la journée,
ils disent des mensonges contre moi.

14 Moi, comme un sourd, je n'entends pas,
comme un muet, je n'ouvre pas la bouche.
15 Je suis comme un homme qui n'entend pas
et qui ne répond rien.

16 Seigneur je compte sur toi,
c'est toi qui répondras, Seigneur mon Dieu !
17 En effet, j'ai dit : « Quand mon pied glisse,
que ces gens-là ne se réjouissent pas,
qu'ils ne me méprisent pas ! »

18 Oui, je suis sur le point de tomber
et je n'arrête pas de souffrir.
19 En effet, je reconnais ma faute,
je suis très inquiet à cause de mon péché.

20 Mes ennemis sont pleins de vie, ils sont puissants,
beaucoup me détestent sans raison.
21 Ils me rendent le mal pour le bien,
ils me reprochent de chercher à faire le bien.

22 Seigneur, ne m'abandonne pas !
Mon Dieu, ne reste pas loin de moi !
23 Au secours, viens vite,
Seigneur, mon sauveur !

Seigneur, la vie est bien courte

39 *Psaume de David, pris dans le livre du chef de chorale. De Yedoutoun*[m]*.*

2 J'avais dit : « Je vais faire attention
pour ne pas pécher en paroles.

m 39.1 *Yedoutoun était l'un des responsables du chant et de la musique au Temple de Jérusalem, au temps du roi David. Voir 1 Chroniques 25.1,3,6.*

Je vais garder la bouche fermée
tant qu'un homme mauvais sera devant moi. »
3 Je suis donc resté muet, silencieux.
Je me suis tu, mais je n'ai rien gagné :
ma souffrance a augmenté.
4 Mon cœur était en feu,
chaque plainte était comme une brûlure.
Alors je me suis mis à parler :

5 — Seigneur, apprends-moi le moment où ma vie va finir,
oui, fais-moi connaître le temps qui me reste.
Ainsi, je saurai combien je suis peu de chose.
6 La largeur d'une main,
voilà le temps de ma vie.
Devant toi, elle ne dure presque pas.
Même si l'homme est bien vivant,
il n'est qu'un souffle.
7 Il va et il vient,
mais il n'est qu'une ombre.
Il se fatigue beaucoup,
mais tout part en fumée.
Il amasse des richesses,
mais qui en profitera ?
Il n'en sait rien.

8 Maintenant, Seigneur,
qu'est-ce que je peux attendre ?
Je compte sur toi :
9 délivre-moi de toutes mes fautes,
ne laisse pas les gens stupides m'insulter.
10 Maintenant, je reste muet, je n'ouvre pas la bouche,
puisque c'est toi qui agis.
11 Arrête de me frapper,
tes coups m'enlèvent toutes mes forces.
12 Pour corriger l'homme, tu punis sa faute.
Comme un insecte, tu ronges ce qu'il a de précieux.
Oui, tous les humains ne sont qu'un souffle.

13 Écoute ma prière, Seigneur,
ouvre l'oreille à mes cris,

entends mes larmes.
Chez toi, je suis un étranger,
un passant, comme tous mes ancêtres.

14 Ne me regarde plus,
alors je pourrai sourire
avant de m'en aller et de disparaître.

Personne n'est comme toi, mon Dieu !

40 *Psaume de David,*
pris dans le livre du chef de chorale.

2 J'ai mis tout mon espoir dans le Seigneur :
il s'est penché vers moi, il a écouté mon cri.
3 Il m'a fait remonter du puits sans fond,
de la boue des profondeurs.
Il a dressé mes pieds sur le rocher,
il a rendu mes pas plus sûrs.
4 Dans ma bouche, il a mis un chant nouveau,
une louange pour lui, notre Dieu.
Beaucoup verront cela,
ils respecteront le Seigneur
et ils auront confiance en lui.
5 Il est heureux,
l'homme qui met sa confiance dans le Seigneur.
Il ne se tourne pas vers les orgueilleux
et les amis du mensonge.

6 — Seigneur mon Dieu, pour nous,
tu as fait tant de choses étonnantes, de si beaux projets !
Personne n'est égal à toi !
Je voudrais l'annoncer et le redire encore,
mais il y en a trop pour tout raconter.
7 Tu ne veux ni *sacrifices ni offrandes,
cela, tu me l'as fait comprendre.
Tu ne demandes ni animaux complètement brûlés,
ni sacrifices pour le pardon des péchés.
8 Alors j'ai dit :
« Me voici, je viens à toi.

Dans le rouleau d'un livre,
je trouve écrit ce que je dois faire. »
9 Mon Dieu, je veux faire ce qui te plaît,
et ta *loi est au fond de mon cœur.

10 Dans la grande assemblée,
j'annonce cette bonne nouvelle :
le Seigneur rend libre.
Je ne peux pas me taire, Seigneur, tu le sais.
11 Tu m'as libéré,
je ne veux pas garder cela au fond de mon cœur.
Alors je dis :
« Le Seigneur est fidèle et il nous sauve. »
Dans la grande assemblée,
je ne cache pas ton amour ni ta fidélité.
12 Toi, Seigneur, tu ne me refuseras pas ta tendresse,
ton amour et ta fidélité me protégeront toujours.

13 Oui, des malheurs pleuvent de tous côtés,
je ne peux pas les compter.
Mes fautes retombent sur moi,
elles m'empêchent de voir clair.
Elles sont plus nombreuses
que les cheveux de ma tête,
et je suis complètement découragé.
14 Je t'en prie, Seigneur, délivre-moi,
Seigneur, au secours, viens vite !
15 Ceux qui veulent ma mort,
couvre-les tous de honte !
Ceux qui cherchent mon malheur, chasse-les,
qu'ils perdent leur honneur !
16 Ceux qui se moquent de moi
en disant : « Ha ! Ha ! »,
que la honte leur ferme la bouche !

17 Mais tous ceux qui te cherchent,
qu'ils dansent de joie à cause de toi !
Ceux qui t'aiment, toi le sauveur,
qu'ils disent sans cesse :
« Le Seigneur est grand ! »

18 Moi, je suis malheureux et pauvre,
mais le Seigneur pense à moi.
Tu es mon secours et mon libérateur,
mon Dieu, viens vite !

Même mon meilleur ami est devenu mon ennemi

41 *Psaume de David,*
pris dans le livre du chef de chorale.

2 Il est heureux,
celui qui fait attention aux faibles.
Le jour où cela va mal pour lui,
le Seigneur vient à son secours.
3 Le Seigneur le garde en vie,
il le rend heureux sur la terre,
il ne le livre pas au pouvoir de ses ennemis.
4 Le Seigneur le soutient sur son lit de souffrances,
il prend soin de lui pendant sa maladie.

5 Je dis : « Seigneur, aie pitié de moi, guéris-moi,
car j'ai péché contre toi. »
6 Mes ennemis parlent mal de moi :
« Sa mort, c'est pour quand ?
Nous pourrons enfin l'oublier ! »
7 Si quelqu'un vient me voir,
c'est pour dire des mensonges.
Il remplit son cœur de choses méchantes,
et quand il est dehors, il les répète.
8 Tous ensemble, ceux qui me détestent
parlent tout bas contre moi.
Ils imaginent le mal qui va m'arriver :
9 « C'est une sale maladie qu'il a attrapée là !
Maintenant qu'il est couché,
il ne pourra plus se relever ! »
10 J'avais confiance dans mon meilleur ami,
il partageait ma nourriture.
Eh bien, même lui, il est devenu mon ennemi.
11 Mais toi, Seigneur, aie pitié de moi, relève-moi !
Alors je leur rendrai ce qu'ils méritent, à ces gens-là.

12 Voici comment je reconnaîtrai ton affection pour moi :
si mon ennemi ne crie plus victoire contre moi.
13 Et moi, tu m'as soutenu, tu m'as rendu la santé,
tu me gardes pour toujours devant toi.

14 Merci au Seigneur, le Dieu d'Israël,
depuis toujours et pour toujours !
Oui, oui, qu'il en soit ainsi !

DEUXIÈME LIVRE
(Psaumes 42—72)

J'ai soif de toi, mon Dieu

42 *Enseignement du groupe de Coré[n],*
pris dans le livre du chef de chorale.

2 Comme une biche désire l'eau du ruisseau,
ainsi je te désire, toi, mon Dieu.

3 J'ai soif de Dieu, du Dieu vivant.
Quand pourrai-je entrer dans son Temple
et me présenter devant lui ?
4 Jour et nuit, je passe mon temps à pleurer,
car on me dit sans arrêt :
« Et ton Dieu, où est-il ? »

5 J'ai des souvenirs qui me touchent le cœur :
autrefois, je marchais en tête de la procession.
J'avançais vers la maison de mon Dieu
dans la foule en fête,
parmi les cris de joie et de louange.

6 Pourquoi me décourager,
pourquoi me plaindre de ma vie ?

***n* 42.1** *Le groupe de Coré : Dans le Temple de Jérusalem, c'était un groupe de chanteurs au service de Dieu. Voir 1 Chroniques 6.17-22.*

Il vaut mieux compter sur Dieu !
Oui, je vais encore le remercier,
lui, mon sauveur et mon Dieu.

7 Mon Dieu, je suis découragé.
C'est pourquoi je pense à toi
là où je suis, au pays du *Jourdain,
près du Mont-Petit, dans les montagnes de l'Hermon.
8 Tout autour, tu fais rugir les torrents.
De même toutes tes vagues et toute ton eau
tombent sur moi,
je suis complètement noyé !

9 Pendant le jour,
que le Seigneur me montre son amour !
Alors la nuit, je chanterai pour lui,
je prierai le Dieu qui me fait vivre.
10 Je dis à Dieu, mon solide rocher :
« Pourquoi m'as-tu oublié ?
Mes ennemis m'écrasent
et je dois vivre dans la tristesse.
Oui, pourquoi ? »
11 Mes adversaires m'insultent.
Ils me disent sans arrêt :
« Et ton Dieu, où est-il ? »
C'est comme s'ils me brisaient les os.

12 Pourquoi me décourager,
pourquoi me plaindre de ma vie ?
Il vaut mieux compter sur Dieu !
Oui, je vais encore le remercier,
lui, mon sauveur et mon Dieu.

Pourquoi me décourager ?

43 O Dieu, rends-moi *justice,
défends ma cause
contre les gens qui ne t'aiment pas.
Délivre-moi des menteurs et de ceux qui font du mal !
2 Toi, mon Dieu, tu es mon protecteur.

Pourquoi m'as-tu rejeté ?
Mes ennemis m'écrasent,
et je dois vivre dans la tristesse.
Oui, pourquoi ?
3 Envoie ta lumière et ta vérité.
Qu'elles me guident sur ta montagne *sainte,
qu'elles me conduisent dans ta maison !
4 J'irai vers ton *autel,
vers toi, mon Dieu, qui es ma joie et mon bonheur.
Avec la *cithare, je te dirai merci, ô Dieu, mon Dieu !

5 Pourquoi me décourager,
pourquoi me plaindre de ma vie ?
Il vaut mieux compter sur Dieu !
Oui, je vais encore le remercier,
lui, mon sauveur et mon Dieu.

Seigneur, ne nous rejette pas pour toujours !

44 *Enseignement du groupe de Coré°, pris dans le livre du chef de chorale.*

2 O Dieu, nous avons entendu de nos oreilles,
et nos ancêtres nous ont raconté
les exploits que tu as faits autrefois,
dans l'ancien temps.
3 Tu as chassé des peuples
pour établir nos ancêtres dans le pays.
Tu les as frappés
pour que ton peuple se développe.
4 Non, ce n'est pas avec leurs lances
qu'ils ont pris le pays.
Ce n'est pas leurs bras qui leur ont donné la victoire.
C'est ta main droite, c'est ta force,
c'est la lumière de ton visage,
car tu les aimais.

o **44.1** *Voir 42.1 et la note.*

5 Mon Dieu, c'est toi mon roi,
c'est toi qui décides des victoires de ton peuple.
6 Avec toi, nous repoussons nos ennemis,
avec toi, nous écrasons nos adversaires.
7 Non, je ne compte pas sur mon arc,
ce n'est pas ma lance qui me donne la victoire.
8 Mais c'est toi qui nous sauves de nos ennemis,
et tu couvres de honte ceux qui nous détestent.
9 Seigneur, tous les jours, nous chantons tes louanges,
et sans cesse, nous te disons merci.

10 Pourtant, tu nous as rejetés
et tu nous as couverts de honte.
Tu ne combats plus avec nos armées,
11 tu nous fais reculer devant nos ennemis.
Ceux qui nous détestent
volent ce qui nous appartient.
12 Tu nous as livrés comme des moutons de boucherie,
tu nous as chassés de tous côtés, parmi les autres peuples.
13 Tu vends ton peuple bon marché
et tu n'y gagnes rien.
14 Tu laisses nos voisins nous insulter,
ceux qui nous entourent
peuvent nous mépriser et rire de nous.
15 Tu laisses les autres peuples se moquer de nous,
et en riant, ils secouent la tête.
16-17 Tous les jours, mon malheur est devant moi.
J'entends les moqueries et les cris d'insulte.
Je vois l'ennemi qui se venge,
et mon visage est couvert de honte.

18 Tout cela nous est arrivé,
et pourtant, nous ne t'avons pas oublié,
nous n'avons pas trahi ton *alliance.
19 Nous ne sommes pas revenus en arrière,
nous n'avons pas quitté ton chemin.
20 Mais tu nous as écrasés dans le désert
et tu nous as couverts de l'ombre de la mort.
21 Si nous avions oublié ton nom, ô Dieu,
si nous avions prié un dieu étranger,

22 tu l'aurais su.
Oui, tu connais le fond des cœurs.
23 A cause de toi, nous risquons sans arrêt la mort,
on nous traite comme des moutons de boucherie.

24 Réveille-toi ! Pourquoi dors-tu, Seigneur ?
Réveille-toi, ne nous rejette pas pour toujours !
25 Pourquoi caches-tu ton visage ?
Pourquoi oublies-tu notre malheur et notre tristesse ?
26 Oui, nous nous traînons dans la poussière,
à plat ventre sur le sol.
27 Lève-toi, viens nous aider,
libère-nous à cause de ton amour !

Chant d'amour pour le mariage du roi

45 *Enseignement du groupe de Coré*[p]*,*
pris dans le livre du chef de chorale.
*Chant d'amour sur un *instrument à cordes.*

2 De belles paroles agitent mon cœur,
je vais réciter un poème pour le roi.
Que ma bouche soit comme la plume d'un bon écrivain !

3 — Tu es le plus beau des hommes,
tes paroles sont admirables.
C'est pourquoi Dieu t'a béni pour toujours.

4 Combattant courageux, mets ton *épée à ton côté,
elle est ta *gloire et ton honneur.
5 Tends ton arc et bondis !
En route pour défendre la vérité, la douceur, la *justice !
Que ta main droite te montre de beaux exploits !
6 Tes flèches sont pointues,
elles percent le cœur de tes ennemis.
Oui, on tombe sous tes coups !
7 Ton pouvoir de roi est comme celui de Dieu.

p 45.1 *Voir 42.1 et la note.*

Il durera toujours et pour toujours.
Tu gouvernes ton peuple avec justice.
8 Tu aimes ce qui est *juste,
tu détestes le mal.
C'est pourquoi Dieu, ton Dieu, t'a choisi.
Sur ta tête, il a versé une huile de fête,
te préférant aux autres rois.
9 De fines odeurs parfument tous tes vêtements.
Pour toi, une musique joyeuse sort
de ton palais décoré d'ivoire.
10 Des filles de roi sont là,
elles portent tes bijoux.
Et debout à ta droite,
voici la reine couverte d'or *pur.

11 — Écoute, ma fille, regarde et tends l'oreille !
Oublie ton peuple et la famille de ton père.
12 Que le roi désire ta beauté !
Maintenant, il est ton maître,
mets-toi à genoux devant lui.
13 Alors, les gens de Tyr,
les peuples les plus riches,
essaieront de te plaire en t'offrant des cadeaux.

14 Voici la fille du roi,
elle brille de lumière dans sa robe brodée d'or.
15 On la conduit vers le roi,
vêtue de broderies aux mille couleurs.
Derrière elle, des jeunes filles l'accompagnent,
qui sont amenées pour toi.
16 On les conduit au milieu des cris de joie,
elles entrent dans le palais du roi.

17 — O roi, que tes fils, un jour,
s'assoient sur le siège de tes ancêtres !
Tu feras d'eux des princes dans le monde entier.
18 Et moi, je rappellerai ton nom
de génération en génération.
Alors tous les peuples te diront merci,
toujours et pour toujours.

Le Seigneur de l'univers est avec nous

46 *Chant du groupe de Coré[q],*
pris dans le livre du chef de chorale.
*Avec *instrument de musique.*

2 Dieu est pour nous un abri solide et sûr,
il est toujours prêt à nous aider dans le malheur.
3 C'est pourquoi nous n'avons pas peur,
même si la terre se met à bouger,
si les montagnes tombent au fond de la mer.
4 Son eau rugit et soulève l'écume,
les vagues de la mer se dressent et font trembler les montagnes.

5 Mais une rivière coule et réjouit la ville de Dieu,
la plus *sainte des habitations du Très-Haut.
6 Dieu est dans cette ville, elle ne tombera pas.
Le jour se lève, et déjà, Dieu est là pour l'aider.
7 Des pays rugissent, des royaumes tremblent,
Dieu élève la voix, et la terre disparaît.

8 Il est avec nous, le Seigneur de l'univers,
il nous protège avec puissance, le Dieu de *Jacob.

9 Venez voir les actions du Seigneur,
ce qu'il a détruit sur la terre !
10 Il arrête les combats jusqu'au bout du monde,
il casse les arcs, il détruit les lances,
il met le feu aux chars de guerre.

11 Le Seigneur crie :
« Arrêtez et reconnaissez que je suis Dieu !
Je remporte la victoire sur les autres peuples,
je remporte la victoire sur toute la terre. »
12 Il est avec nous, le Seigneur de l'univers,
il nous protège avec puissance, le Dieu de Jacob.

q **46.1** *Voir 42.1 et la note.*

Dieu est le roi de la terre

47 *Psaume du groupe de Coré*[r]*,*
pris dans le livre du chef de chorale.

2 Tous les peuples, battez des mains,
rendez *gloire à Dieu avec des cris de joie !
3 Oui, le Seigneur, le Très-Haut, est terrible,
il est le grand roi de toute la terre.
4 Il met les autres peuples sous notre pouvoir
et les pays étrangers sous nos pieds.
5 Il a choisi pour nous notre pays,
et nous en sommes fiers,
nous, le peuple de *Jacob aimé de Dieu.
6 Dieu monte parmi les cris de joie,
le Seigneur monte au son de la trompette.
7 Chantez pour Dieu, chantez,
chantez pour notre roi, chantez !
8 Oui, Dieu est le roi de toute la terre.
Chantez pour lui votre plus beau chant.
9 Dieu gouverne les autres peuples,
il est assis sur son siège sacré.
10 Les chefs des autres peuples se rassemblent
avec le peuple du Dieu d'Abraham.
Oui, les chefs de la terre sont à Dieu,
qui est au-dessus de tout.

Jérusalem, la ville du grand Roi

48 *Chant.*
Psaume du groupe de Coré[s]*.*

2 Le Seigneur est grand,
il reçoit toutes les louanges
dans la ville de notre Dieu.

r **47.1** *Voir 42.1 et la note.*
s **48.1** *Voir 42.1 et la note.*

Sa montagne *sainte
3 se dresse dans sa beauté,
elle est la joie de toute la terre.
Vers le nord, c'est la montagne de *Sion,
la ville du grand Roi.
4 Dieu se tient sur les murs qui l'entourent,
on sait qu'il la protège avec puissance.

5 Des rois se sont réunis,
ils se sont avancés ensemble contre Sion[t].
6 Dès qu'ils ont vu le Seigneur,
ils ont été stupéfaits,
ils ont eu peur et ils ont fui.
7 Là, un tremblement les a pris,
comme la douleur saisit une femme qui accouche,
8 comme le vent d'est brise les grands bateaux.

9 Ce qu'on nous avait dit, nous l'avons vu
dans la ville du Seigneur de l'univers,
dans la ville de notre Dieu :
Dieu la garde debout pour toujours.

10 O Dieu, nous méditons sur ton amour
à l'intérieur de ton Temple.
11 O Dieu, tu es célèbre jusqu'au bout du monde,
et jusqu'au bout du monde, on chantera tes louanges.
Tu agis toujours avec *justice.
12 La montagne de Sion est dans la joie,
les villes de Juda sont heureuses
à cause de tes jugements.

13 Faites le tour de Jérusalem,
comptez ses postes de garde.
14 Admirez ses murs,
regardez bien les constructions qui la protègent.
Alors, voici ce que vous pourrez raconter
à la génération qui vient :

t **48.5** *Voir 2.1-2 et la note.*

15 ce Dieu est notre Dieu toujours et pour toujours,
il restera sans cesse notre guide.

Tout le monde doit mourir

49 *Psaume du groupe de Coré[u],*
pris dans le livre du chef de chorale.

2 Écoutez ceci, tous les peuples !
Tendez l'oreille, vous tous, habitants de l'univers,
3 gens simples et grands de ce monde,
riches et pauvres, tous ensemble !
4 Mon cœur médite des choses intelligentes,
ma bouche va dire des paroles de sagesse.
5 J'écoute attentivement les proverbes des sages,
je les explique en jouant de la *cithare.

6 Pourquoi avoir peur quand tout va mal,
quand des gens malhonnêtes m'entourent
pour me faire du mal ?
7 Ils mettent leur confiance dans leur fortune,
ils se vantent de leur grande richesse.

8 Mais personne ne peut racheter à Dieu
la vie de quelqu'un d'autre,
ni donner assez d'argent pour ne pas mourir.
9 Même s'ils paient très cher pour leur vie,
ce n'est jamais assez.
10 Est-ce qu'ils vivront encore longtemps,
est-ce qu'ils ne finiront pas dans la tombe, eux aussi ?
11 Pourtant, on le voit bien : les sages meurent,
tout comme les gens stupides et sans intelligence.
Et ils laissent à d'autres leur fortune.
12 Ils pensent posséder leurs champs
pour toujours.
Mais leur tombe, voilà leur habitation pour toujours,
leur maison pour tous les temps.

u **49.1** *Voir 42.1 et la note.*

13 Au milieu de leur richesse,
les humains ne comprennent pas
qu'ils mourront un jour comme les animaux.
14 Voici le chemin
de ceux qui mettent leur confiance en eux-mêmes,
voici ce qui attend les gens
qui aiment s'écouter parler :
15 on les conduit comme des moutons dans le monde des morts,
et la mort est leur berger.
Vers le matin,
ceux qui ont le cœur *pur marchent sur eux,
et leur beauté disparaît.
Le monde des morts,
voilà le lieu où ils habitent.

16 Mais Dieu rachètera ma vie au pouvoir de la mort,
oui, il me délivrera.

17 Ne t'inquiète pas quand quelqu'un devient riche,
quand la richesse de sa famille augmente.
18 A sa mort, il n'emporte rien,
sa fortune ne descend pas avec lui dans la tombe.
19 Pendant sa vie, il se félicitait en disant :
« Bravo ! Tu as réussi ! »
20 Pourtant, il va retrouver ses ancêtres
qui ne verront plus jamais la lumière.
21 Au milieu de leur richesse,
les humains ne comprennent pas
qu'ils mourront un jour comme les animaux.

Dieu paraît pour juger les habitants de la terre

50 *Psaume d'Assaf*[v].

Le Dieu très puissant, le Seigneur a parlé.
Il a appelé tous les habitants de la terre,

v **50.1** *Assaf était l'un des responsables du chant et de la musique dans le Temple de Jérusalem, au temps du roi David. Voir 1 Chroniques 6.16-17 ; 2 Chroniques 35.15.*

du soleil levant au soleil couchant.
2 A Jérusalem, ville magnifique,
Dieu paraît, entouré de lumière.

3 « Qu'il vienne, notre Dieu !
Qu'il ne garde pas le silence ! »

Devant lui, un feu détruit tout,
autour de lui, c'est une violente tempête.
4 Dieu appelle le *ciel et la terre
pour juger son peuple.
5 Il dit :
« Rassemblez devant moi mes amis fidèles,
ceux qui ont fait une *alliance avec moi
en offrant un *sacrifice. »
6 Le ciel annonce que Dieu est *juste.
Le juge, c'est Dieu !

7 — Écoute, mon peuple,
j'ai quelque chose à te dire,
Israël, je vais parler contre toi :
ton Dieu, c'est moi.
8 Je ne t'accuse pas pour tes sacrifices,
tu m'en offres sans arrêt.
9 Je ne prendrai pas de taureaux chez toi,
ni de boucs dans tes enclos.
10 Car tous les animaux de la forêt sont à moi,
et à moi, les milliers de bêtes des montagnes.
11 Je connais tous les oiseaux du ciel,
et toutes les bêtes des champs sont à moi.
12 Si j'avais faim, je ne te dirais rien.
Oui, la terre est à moi
avec tout ce qu'elle contient.
13 Est-ce que je vais manger la viande des taureaux ?
Est-ce que je vais boire le sang des boucs ?
14 Offre-moi plutôt ta reconnaissance,
à moi, ton Dieu.
Et tiens les promesses que tu m'as faites,
à moi, le Très-Haut.
15 Alors, quand tu seras dans le malheur,

fais appel à moi, je te sauverai,
et tu chanteras ma *gloire.

16 Mais à l'homme mauvais, Dieu dit :
— Tu récites mes commandements,
tu dis que tu as fait une alliance avec moi.
17 Mais tu n'acceptes pas mes reproches
et tu rejettes mes paroles.
18 Quand tu vois un voleur, tu te mets avec lui,
tu fréquentes ceux qui trompent leur femme ou leur mari.
19 Tu ne retiens pas tes paroles méchantes,
ta bouche fabrique des mensonges.
20 Devant les autres, tu parles contre ton frère,
tu dis du mal du fils de ta mère.
21 Voilà ce que tu fais.
Est-ce que je peux me taire ?
Est-ce que vraiment je suis comme toi ?
Pour moi, tu es coupable,
et je mets tout devant tes yeux.

22 Vous qui m'oubliez, comprenez bien ces choses !
Sinon, je vous déchirerai,
et personne ne vous sauvera.

23 Celui qui m'offre sa reconnaissance,
Celui-là me rend gloire.
Celui qui se conduit bien,
je lui montrerai que je suis son sauveur.

Mon Dieu, pardonne-moi !

51 *Psaume de David, pris dans le livre du chef de chorale.*
2 *Le roi David a pris Batchéba, la femme d'Urie,*
*et le *prophète Natan va le trouver*[w]*. David dit alors :*

3 O Dieu, aie pitié de moi à cause de ton amour !
Ta tendresse est immense : efface mes torts.

w 51.2 *Voir 2 Samuel 11 — 12.*

4 Lave-moi complètement de mes fautes,
et de mon péché, *purifie-moi.

5 Oui, je reconnais mes torts,
mon péché est toujours devant moi.
6 Contre toi et toi seul, j'ai péché,
ce qui est mal à tes yeux, je l'ai fait.
Ainsi, tu as raison quand tu décides,
tu es sans défaut quand tu juges.

7 Oui, depuis ma naissance,
je suis marqué par le péché,
depuis le ventre de ma mère,
dans le mal, je suis plongé.
8 Mais tu veux la vérité au fond de mon cœur.
A ma *conscience, tu enseignes la sagesse.

9 Enlève mon péché, et je serai *pur,
lave-moi et je serai parfaitement purifié.
10 Fais-moi entendre les chants et la fête.
Alors je danserai de bonheur,
moi que tu as brisé.
11 Détourne ton visage de mes péchés,
efface toutes mes fautes.

12 O Dieu, crée en moi un cœur pur,
mets en moi un esprit nouveau,
vraiment attaché à toi.
13 Ne me chasse pas loin de toi,
ne m'enlève pas ton Esprit *saint.
14 Rends-moi la joie d'être sauvé,
soutiens-moi par un esprit généreux.

15 Ceux qui ne t'obéissent pas,
je leur apprendrai à faire ce que tu veux,
et les coupables reviendront vers toi.
16 Dieu, mon libérateur, délivre-moi de la mort !
Alors je crierai de joie parce que tu m'as sauvé.
17 Seigneur, ouvre mes lèvres,
et ma bouche chantera tes louanges.

18 Non, tu ne veux pas de *sacrifice.
Même si je t'offre un animal entier,
il ne te fera pas plaisir.
19 Mon sacrifice, ô Dieu,
c'est moi-même avec mon orgueil brisé.
O Dieu, tu ne refuses pas de regarder
un cœur complètement brisé.

20 Sois bon pour la ville de *Sion, fais-lui du bien,
reconstruis les murs de Jérusalem.
21 Alors tu accepteras les sacrifices demandés,
des animaux complètement brûlés,
alors nous pourrons offrir des taureaux sur ton *autel.

Pourquoi te vanter de faire le mal ?

52 *Enseignement de David, pris dans le livre du chef de chorale.*
2 Doëg, l'Édomite, va annoncer à Saül :
« David est entré dans la maison d'Ahimélek[x]. »
David dit alors :

3 Toi, homme fort,
pourquoi te vanter de faire le mal ?
Dieu ne cesse jamais de nous aimer.
4 Avec ta bouche, tu fais le projet
de tuer les autres,
ta langue est aussi coupante qu'un rasoir,
homme faux !
5 Tu aimes mieux le mal que le bien.
tu préfères le mensonge à la vérité.
6 Tu aimes les paroles blessantes,
bouche trompeuse !

7 Aussi Dieu te détruira pour toujours.
Il te saisira, il te fera sortir de force de chez toi,
il t'arrachera de la terre des vivants.
8 Ceux qui obéissent à Dieu verront cela

x 52.2 *Voir 1 Samuel 21.8 ; 22.9-10.*

et ils seront pleins de respect.
Ils riront de lui en disant :
9 « Regardez-le, cet homme fort !
Il ne prenait pas Dieu comme protecteur,
mais il mettait sa confiance dans sa fortune.
Parce qu'il était riche, il se sentait fort ! »

10 Mais moi, je suis comme un bel arbre vert
dans la maison de Dieu.
Je compte sur son amour, toujours et pour toujours.

11 Sans cesse, je veux te dire merci
parce que tu as agi.
Devant tes amis fidèles,
je mets mon espoir en toi, car tu es bon.

Personne ne fait le bien

53 *Enseignement de David, pris dans le livre du chef de chorale. Avec la *flûte.*

2 Les gens stupides disent dans leur cœur :
« Dieu n'a aucun pouvoir ! »
Ces gens-là sont corrompus,
ils font des choses horribles,
personne ne fait le bien !

3 Du haut du *ciel,
Dieu se penche vers les habitants de la terre.
Il regarde :
est-ce qu'il y a quelqu'un d'intelligent
qui cherche Dieu ?
4 Tous ont quitté le bon chemin,
ils sont tous corrompus.
Personne ne fait le bien,
même pas un seul !

5 Le Seigneur dit :
« Est-ce qu'ils ne comprennent pas,
tous ces gens qui font du mal ?

Ils dévorent mon peuple
comme ils mangent leur nourriture,
et ils ne font pas appel à moi. »

6 Alors ils vont trembler de peur,
eux qui ne connaissent pas la peur.
Oui, Dieu va écraser complètement
les ennemis de son peuple.
Ils seront couverts de honte,
car Dieu les a chassés loin de lui.

7 Qui viendra de Jérusalem pour sauver Israël ?
Quand Dieu ramènera les prisonniers de son peuple,
les fils de *Jacob danseront,
le peuple d'Israël sera dans la joie.

Mon Dieu, sauve-moi pour la gloire de ton nom !

54 *Enseignement de David, pris dans le livre du chef de chorale.*
*Avec *instruments à cordes.*
2 *Les gens de Zif préviennent Saül*
que David se cache dans leur région[y]*. David dit alors :*

3 O Dieu, sauve-moi
pour la *gloire de ton nom.
Tu es puissant : fais-moi *justice !
4 O Dieu, entends ma prière,
écoute ce que je dis !

5 Des orgueilleux m'ont attaqué,
des hommes violents veulent me tuer.
Ces gens-là ne s'occupent pas de Dieu.
6 Mais Dieu vient à mon secours,
le Seigneur est avec ceux qui me soutiennent.
7 Que le malheur retombe
sur ceux qui me surveillent en cachette !
Montre-moi ta fidélité en les supprimant !

y **54.2** *Voir 1 Samuel 23.19-28 ; 26.1.*

8 De bon cœur, je vais t'offrir des *sacrifices,
je te dirai merci, Seigneur,
parce que tu es bon.
9 Tu m'as délivré de tout malheur,
je vois avec plaisir la défaite de mes ennemis.

Seigneur, mon ami m'a insulté

55 *Enseignement de David, pris dans le livre du chef de chorale. Avec *instruments à cordes.*

2 O Dieu, écoute ma prière,
quand je te supplie, ne te cache pas !
3 Sois attentif et réponds-moi !
Je suis bouleversé et je me plains,
je ne sais plus ce que je dis.
4 Car mon ennemi crie contre moi,
des gens mauvais m'insultent.
Ils font tomber le malheur sur moi
et ils m'attaquent avec colère.
5 Mon cœur est serré dans ma poitrine,
et je suis effrayé comme si j'allais mourir.
6 J'ai vraiment très peur et je tremble,
je suis mort de peur.

7 Alors je dis :
« Ah, si je pouvais avoir des ailes de *colombe !
Je m'envolerais et j'habiterais ailleurs.
8 Je partirais très loin,
j'irais habiter au désert.
9 Je trouverais vite un abri
contre le vent violent, contre la tempête. »
10 Seigneur, embrouille les paroles de mes ennemis,
divise-les !

Oui, je vois la violence
et des disputes dans la ville.
11 Jour et nuit, elles font le tour de ses murs.
Dans la ville, c'est le malheur et la misère.
12 Dans la ville, on tue les gens.

Sur les places publiques,
on passe son temps à mentir
et à tromper les autres.

13 Ce n'est pas un ennemi qui m'insulte,
cela, je le supporterais.
Ce n'est pas celui qui me déteste
qui se dresse contre moi,
sinon je l'éviterais.
14 Mais c'est toi, un homme de chez moi,
mon ami, toi qui es toujours avec moi.
15 Avec toi, nous échangions des paroles d'amitié
et nous marchions ensemble dans la maison de Dieu.

16 Le cœur de mes ennemis est plein de méchanceté.
Alors, que la mort tombe sur eux,
qu'ils descendent tout vivants
dans le monde des morts !

17 Et moi, je crie vers Dieu,
et le Seigneur me sauvera.
18 Le matin, à midi et le soir,
je me plains, je soupire.
Dieu entend mon appel.
19 Il m'apporte la paix,
il me délivre dans le combat
que je mène contre de nombreux ennemis.
20 Que Dieu m'entende,
lui qui est roi depuis toujours !
Qu'il détruise leur orgueil !
Ils ne sont pas capables de changer,
ils ne respectent pas Dieu.

21 Mon ami d'autrefois a frappé
ceux qui vivaient en paix avec lui,
il n'a pas tenu sa promesse.
22 Sa bouche est plus sucrée que le miel,
mais son cœur est en guerre.
Ses paroles sont plus douces que l'huile,
mais elles blessent comme des lances.

23 Dépose sur le Seigneur,
ce qui pèse sur toi,
il te fera tenir debout.
Il ne laissera jamais glisser
l'homme qui lui obéit.

24 Et toi, mon Dieu, tu feras descendre ces gens-là
au fond de la tombe.
Ce sont des assassins et des hommes faux,
ils ne vivront pas la moitié de leur vie.
Mais moi, j'ai confiance en toi.

O Dieu, aie pitié de moi !

56 *Poème de David, pris dans le livre du chef de chorale.*
*Sur l'air de : « La *colombe muette au loin ».*
Quand les Philistins ont arrêté David à Gat[z], il a dit :

2 O Dieu, aie pitié de moi !
Des gens me poursuivent,
tous les jours, ils m'attaquent, ils m'écrasent.
3 Tous les jours, mes ennemis me poursuivent,
ils sont très nombreux à m'attaquer, ces orgueilleux.
4 Mais quand j'ai peur,
je mets ma confiance en toi.

5 Je chante les louanges de Dieu à cause de sa parole,
j'ai confiance en Dieu, je n'ai pas peur.
Qu'est-ce qu'un homme peut faire contre moi ?

6 Tous les jours, ils me disent des paroles blessantes,
ils pensent seulement à me faire du mal.
7 Ils se réunissent, ils m'observent en cachette,
ils surveillent mes allées et venues.
Oui, ils veulent me tuer.
8 A cause de ce crime,
ils ne peuvent pas s'en sortir.

z **56.1** *Voir 1 Samuel 21.11-16.*

O Dieu, dans ta *colère, fais tomber ces gens-là !
9 Toi, tu as compté le nombre de fois où j'ai dû fuir.
Souviens-toi toujours de mes larmes,
tu les as sûrement comptées.
10 Alors, quand j'appellerai au secours,
mes ennemis reculeront.
Dieu est pour moi, je le sais.

11 Je chante les louanges de Dieu à cause de sa parole.
Oui, à cause de cette parole,
je chante les louanges du Seigneur.
12 J'ai confiance en Dieu, je n'ai pas peur.
Qu'est-ce qu'un homme peut faire contre moi ?

13 O Dieu, je vais tenir mes promesses,
je t'offrirai des *sacrifices pour te dire merci.
14 Oui, tu m'as sauvé de la mort,
tu m'as empêché de tomber.
Alors je marche devant toi,
dans la lumière de la vie.

O Dieu, je viens m'abriter à l'ombre de tes ailes

57 *Poème de David, pris dans le livre du chef de chorale.*
Sur l'air de : « Ne détruis pas... »
Quand David a fui dans l'abri d'un rocher pour échapper à Saül[a]*,*
il a dit :

2 Aie pitié de moi, ô Dieu, aie pitié de moi !
Je cherche un abri près de toi,
je viens me réfugier à l'ombre de tes ailes,
en attendant la fin du malheur.
3 Je crie vers Dieu, le Très-Haut,
vers Dieu qui fera tout pour moi.
4 Que du *ciel, Dieu m'envoie son secours,
car des gens mauvais me poursuivent sans arrêt.
Qu'il me prouve son amour et sa fidélité !

a 57.1 *Voir 1 Samuel 22.1-2 ; 24.1-9.*

5 Je suis couché parmi des gens féroces.
Ils ressemblent à des lions
qui dévorent les hommes.
Leurs dents sont comme des lances et des flèches,
leur langue est aussi coupante qu'une *épée.

6 O Dieu, tu es très grand, tu dépasses le ciel,
que ta *gloire brille sur toute la terre !

7 Ils ont tendu un filet sur ma route,
j'allais bientôt tomber.
Ils ont creusé un trou devant moi,
ils sont tombés dedans.

8 J'ai confiance, mon Dieu,
j'ai vraiment confiance en toi,
je vais chanter, je vais jouer pour toi.
9 Réveille-toi, mon cœur,
réveillez-vous, *harpe et *cithare,
je dois réveiller la lumière du matin.

10 Seigneur, je veux te dire merci parmi les peuples,
je veux chanter pour toi
parmi ceux qui ne te connaissent pas.
11 Ton amour va jusqu'au ciel,
ta fidélité monte jusqu'aux nuages.

12 O Dieu, montre ta grandeur qui dépasse le ciel,
que ta gloire brille sur toute la terre !

Oui, sur la terre, il y a un Dieu qui juge

58 *Poème de David, pris dans le livre du chef de chorale.*
Sur l'air de : « Ne détruis pas... »

2 Vraiment, quand vous parlez,
la *justice est muette.
Est-ce que vous jugez les gens avec justice ?
3 Mais non, vous faites exprès d'être injustes,
vous répandez vous-mêmes la violence dans le pays.

4 Les gens mauvais sont méchants dès leur naissance.
Dès le ventre de leur mère,
ils se trompent de chemin et ils mentent.
5 Leur bouche est pleine de venin,
comme la bouche de la vipère.
Ils ferment leurs oreilles comme un serpent sourd,
6 qui n'entend pas la musique des charmeurs,
ni du magicien le plus habile.

7 O Dieu, ces gens-là sont comme des lions.
Casse leurs dents, Seigneur,
brise leurs mâchoires !
8 Qu'ils disparaissent comme l'eau qui coule !
Que leur flèche soit sans force !
9 Qu'ils ressemblent à la limace qui fond en avançant !
Comme l'enfant mort-né, qu'ils ne voient pas le soleil !
10 Avant que vos marmites ne cuisent
sur le feu d'épines ou de chardons,
que la tornade emporte les gens mauvais !

11 Dieu les punira très sévèrement,
il les fera mourir.
Alors celui qui obéit à Dieu se réjouira,
car la justice a été rendue.
12 Et on dira :
« Oui, celui qui obéit à Dieu est récompensé,
oui, sur la terre, il y a un Dieu qui juge. »

Mon Dieu, délivre-moi de mes ennemis !

59 *Poème de David, pris dans le livre du chef de chorale.*
Sur l'air de : « Ne détruis pas... »
Saül a envoyé des gens surveiller la maison de David pour le tuer[b].
David dit alors :

2 Mon Dieu, délivre-moi de mes ennemis,
protège-moi contre ceux qui m'attaquent !

b **59.1** *Voir 1 Samuel 19.11-13.*

3 Délivre-moi de ceux qui font du mal,
sauve-moi de ces assassins !

4 Voici qu'ils m'attendent en cachette,
des gens puissants se réunissent contre moi.
Pourtant, Seigneur, je n'ai pas fait de mal,
je n'ai commis aucune faute.
5 Je ne suis pas coupable,
mais ils arrivent en courant
et se préparent à m'attaquer.

Réveille-toi, viens à ma rencontre et regarde !
6 Toi, Seigneur, Dieu de l'univers, Dieu d'Israël,
réveille-toi pour punir tous ces peuples !
Sois sans pitié pour tous ces traîtres !

7 Le soir, ils reviennent, ils aboient comme des chiens,
ils font le tour de la ville.
8 Ils ont la bouche pleine de méchanceté,
leurs paroles blessent comme des lances,
et ils disent : « Qui nous entend ? »

9 Mais toi, Seigneur, tu ris de ces gens-là,
tu te moques de tous ces peuples.
10 Tu es ma force, je regarde vers toi.
Oui, Dieu me protège avec puissance.
11 Mon Dieu plein d'amour vient à ma rencontre.
Il me fait regarder en face
ceux qui me surveillent en cachette.

12 Ne les tue pas, sinon mon peuple va oublier.
Secoue-les avec force et fais-les tomber,
Seigneur, notre *bouclier !
13 Dès qu'ils ouvrent la bouche, ils font le mal.
Que leur orgueil les fasse tomber,
eux qui passent leur temps à maudire et mentir !
14 Dans ta *colère, fais-les mourir,
fais-les mourir pour qu'ils n'existent plus !
Alors on saura jusqu'au bout du monde
que Dieu gouverne Israël.

15 Le soir, ils reviennent,
ils aboient comme des chiens,
ils font le tour de la ville.
16 Ils vont ici et là pour manger.
S'ils ne trouvent rien, ils grognent.

17 Moi, je chanterai ta force,
le matin, je crierai de joie pour ton amour.
Oui, tu es mon puissant protecteur,
un abri sûr au moment du malheur.

18 Toi, ma force, je vais chanter pour toi.
Oui, tu me protèges avec puissance, ô Dieu,
toi, mon Dieu plein d'amour.

Avec Dieu nous ferons des exploits

60 *Poème de David pour enseigner,*
pris dans le livre du chef de chorale.
*Sur un *instrument à cordes. Témoignage.*
2 *David est allé combattre les Syriens de Mésopotamie*
et ceux de Soba.
Au retour, Joab, son général, a battu l'armée des Édomites,
c'est-à-dire 12.000 hommes dans la vallée du Sel[c]*. David dit alors :*

3 O Dieu, tu nous as abandonnés,
tu nous as divisés.
Malgré ta *colère, relève-nous !
4 Tu as fait trembler la terre, tu l'as fendue.
Répare ses fentes,
car elle ne tient plus debout.
5 Tu as fait souffrir durement ton peuple,
tu nous as donné à boire un vin qui rend ivre.
6 A ceux qui te respectent, tu as fait signe
pour qu'ils fuient devant les flèches.
7 Sauve-nous par ta puissance, réponds-nous !
Alors nous tes amis, nous serons délivrés.

c **60.2** *Voir 2 Samuel 8.3-14 ; 1 Chroniques 18.12.*

8 Dieu a parlé dans son Temple *saint :
« Le vainqueur, c'est moi !
Je vais partager la ville de Sichem,
je vais mesurer la vallée de Soukoth.
9 Galaad est à moi,
Manassé est à moi.
Éfraïm est un casque pour ma tête.
Juda est mon bâton de commandement.
10 Moab est la cuvette où je me lave,
je pose le pied sur Édom pour le prendre.
Contre la Philistie, je pousse un cri de guerre[d]. »

11 Qui me mènera dans une ville bien défendue ?
Qui me conduira jusqu'en Édom ?
12 Toi seul, tu peux le faire, ô Dieu.
Mais tu nous as repoussés,
tu ne combats plus avec nos armées.

13 Viens nous aider contre l'ennemi,
car les hommes ne nous aident pas vraiment.
14 Avec Dieu, nous remporterons la victoire :
c'est lui qui écrasera nos ennemis[e].

Mon Dieu, je voudrais habiter pour toujours dans ta maison

61 *Chant de David, pris dans le livre du chef de chorale. Avec *instruments à cordes.*

2 O Dieu, écoute mon cri,
sois attentif à ma prière !
3 Quand je suis découragé,
du bout du monde, je crie vers toi.
Conduis-moi sur le rocher
que je ne peux atteindre.

d **60.10** *Ici, le Seigneur apparaît comme un combattant armé. Avec son peuple Israël, il prend possession des pays voisins.*

e **60.7-14** *Voir 108.7-14.*

4 Oui, tu es pour moi un abri,
avec puissance, tu me protèges contre l'ennemi.
5 Je voudrais habiter pour toujours
dans ta maison,
me réfugier à l'ombre de tes ailes.
6 Toi, mon Dieu, tu écoutes mes souhaits.
A ceux qui t'adorent,
tu donnes ce qu'ils désirent.
7 Donne longue vie au roi,
ajoute des années à ses années.
8 Qu'il gouverne pour toujours devant toi !
Que ton amour et ta fidélité le gardent !

9 Alors je chanterai sans cesse pour ton nom,
et, jour après jour, je tiendrai mes promesses.

Près de Dieu je connais le repos

62 *Psaume de David, pris dans le livre du chef de chorale. D'après Yedoutoun*[f].

2 Oui, près de Dieu seul, je connais le repos,
mon salut vient de lui.
3 Lui seul est mon solide rocher, mon salut.
Il me protège avec puissance,
je ne peux pas tomber.

4 Jusqu'à quand vous jetterez-vous
tous ensemble sur un homme ?
Vous voulez donc le renverser
comme un mur qui penche,
comme une barrière qui tombe ?
5 Vous pensez seulement à lui faire perdre son honneur,
et vous aimez mentir.
Vous dites des paroles de bénédiction,
mais votre cœur est rempli de malédictions.

f **62.1** *Voir 39.1 et la note.*

6 Oui, je dois me reposer près de Dieu seul,
c'est lui qui me donne espoir.
7 Lui seul est mon solide rocher, mon salut.
Il me protège avec puissance,
je ne peux pas tomber.
8 Mon salut et mon honneur viennent de lui.
Mon protecteur puissant et mon abri, c'est lui.
9 Vous qui êtes là, ayez confiance en lui,
dites-lui ce que vous avez dans le cœur.
Dieu est pour nous un abri.

10 Oui, les humains ne sont qu'un souffle.
Les habitants de la terre savent seulement mentir.
S'ils montaient tous ensemble sur une balance,
ils ne pèseraient pas lourd.
11 — Ne comptez pas sur les moyens violents,
n'attendez rien des biens volés.
Si votre richesse augmente,
que votre cœur ne s'y attache pas !

12 Voici ce que Dieu a dit,
et souvent, je l'ai entendu :
« C'est moi qui possède la puissance. »
13 Seigneur, tu possèdes aussi l'amour,
car tu récompenses chacun selon ses actes.

Mon Dieu, je te cherche

63 *Psaume de David,*
quand il était dans le désert de Juda[g]*.*

2 O Dieu, c'est toi mon Dieu, je te cherche.
Mon cœur a soif de toi,
mon corps a besoin de toi
comme une terre sèche, assoiffée, sans eau.
3 Oui, longtemps je t'ai regardé dans le *lieu saint,
j'ai vu ta puissance et ta *gloire.

g **63.1** *Voir 1 Samuel 23.14 ; 24.2.*

4 Ton amour vaut mieux que la vie.
Ma bouche chantera tes louanges.

5 Toute ma vie, je te dirai merci
et je lèverai les mains à la gloire de ton nom.
6 Mon cœur goûtera le bonheur
comme une nourriture délicieuse.
Ma bouche pleine de joie chantera tes louanges.

7 Quand je suis couché, je me souviens de toi,
pendant des heures, je pense à toi.
8 Oui, tu viens à mon aide,
je crie de joie à l'ombre de tes ailes.
9 Je suis attaché à toi de tout mon cœur,
ta main droite me soutient.

10 Ceux qui cherchent à m'enlever la vie,
qu'ils descendent jusqu'au fond de la terre !
11 Qu'on les tue avec des lances !
Que les chacals les dévorent !

12 Le roi trouvera sa joie en Dieu.
Celui qui fait un serment au nom de Dieu
pourra être fier.
Oui, la bouche des menteurs restera fermée.

O Dieu, j'ai peur de mon ennemi

64 *Psaume de David,*
pris dans le livre du chef de chorale.

2 O Dieu, écoute ma plainte,
j'ai peur de mon ennemi, protège-moi contre lui !
3 Cache-moi loin des gens mauvais !
Ils préparent un complot contre moi,
ils se rassemblent pour faire du mal.

4 Leur langue est aussi coupante qu'une *épée,
Les paroles qu'ils lancent
sont blessantes comme des flèches.

5 Ils se cachent pour tirer sur l'innocent,
ils tirent sur lui tout à coup,
rien ne leur fait peur !
6 Ils s'encouragent pour faire du mal.
Ils parlent des pièges qu'ils ont cachés
en disant : « Qui les verra ? »
7 Ils préparent leurs mauvais coups.
Ils disent : « Nous avons bien calculé notre affaire.
Le cœur humain est profond, qui peut le connaître ? »

8 Mais Dieu leur envoie ses flèches.
Tout à coup ils sont blessés,
9 leurs paroles méchantes les font tomber.
Alors tous ceux qui les voient
se moquent d'eux en secouant la tête.
10 Tout le monde a peur.
Les gens racontent ce que Dieu a fait,
ils comprennent son action.
11 Celui qui obéit au Seigneur
trouvera sa joie et son refuge en lui.
Quelle fierté pour tous ceux qui ont le cœur *pur !

O Dieu, tu mérites nos louanges

65 *Psaume de David, pris dans le livre du chef de chorale. Chant.*

2 O Dieu qui habites Jérusalem,
tu mérites nos louanges,
et pour toi, nous devons tenir nos promesses.
3 Toi, tu écoutes les prières,
tous peuvent s'approcher de toi.

4 Mes fautes sont plus fortes que moi,
mais toi, tu les pardonnes.
5 Il est heureux, celui que tu choisis,
il peut habiter chez toi.
Les richesses de ta maison,
les choses *saintes de ton Temple,
feront notre bonheur.

6 Dieu, notre sauveur, tu es fidèle,
tu nous réponds par des actions magnifiques.
Tous les peuples du bout du monde
et des mers lointaines
mettent leur confiance en toi.

7 Par ta force, tu rends les montagnes solides,
tu es armé de puissance.
8 Tu calmes le grondement des mers,
le grondement des vagues
et le rugissement des peuples.
9 Devant tes actions étonnantes,
les gens du bout du monde trembleront de peur.
Tu fais crier de joie les pays d'Orient et d'Occident.

10 Tu prends soin de la terre,
tu fais tomber la pluie,
les récoltes sont abondantes.
O Dieu, ta rivière est pleine d'eau,
tu donnes la nourriture aux habitants de la terre.
Voici comment tu prépares les champs :
11 tu donnes de l'eau aux sillons, tu casses les mottes,
tu rends la terre humide de pluie,
tu donnes aux graines la force de pousser.
12 A la fin de l'année,
tu nous remplis encore de bienfaits.
Quand tu passes, les richesses débordent.
13 Les terres sèches sont couvertes de récoltes,
les collines sont entourées de joie.
14 Les pâturages portent les moutons et les chèvres,
les vallées sont couvertes de *blé :
toute la campagne chante et danse de joie.

Venez voir ce que Dieu a fait !

X **66** *Chant pris dans le livre du chef de chorale.*
Psaume.

Criez de joie pour Dieu,
tous les habitants de la terre !

2 Chantez la *gloire de son nom,
rendez-lui gloire par vos louanges.
3 Dites à Dieu :
« Tout ce que tu fais est vraiment terrible !
Devant ta force immense,
tes ennemis te font des compliments.
4 Tous ceux qui sont sur la terre
se mettent à genoux devant toi.
Ils chantent pour toi,
ils chantent pour ton nom. »

5 Venez voir ce que Dieu a fait !
Pour les habitants de la terre,
son action est vraiment terrible !
6 Il a changé la mer en terre sèche,
on traverse à pied la rivière.
Réjouissons-nous de cet exploit !
7 Par sa puissance, Dieu est roi pour toujours,
ses yeux surveillent les autres peuples.
Ceux qui refusent de lui obéir,
qu'ils ne se vantent pas !

8 Peuples, dites merci à notre Dieu,
chantez à pleine voix ses louanges !
9 Il nous donne la vie
et nous empêche de glisser.

10 O Dieu, tu voulais savoir ce que nous valions.
Aussi, comme on *purifie l'argent au feu,
tu nous as purifiés par la souffrance.
11 Tu nous as fait tomber dans un piège,
tu nous as écrasés de malheur.
12 Tu as permis aux cavaliers
de passer sur nos têtes.
Nous sommes entrés dans le feu et dans l'eau,
mais tu nous as fait sortir
pour reprendre notre souffle.

13 J'entre dans ta maison avec des *sacrifices,
je veux tenir les promesses que je t'ai faites.

14 Ma bouche les a prononcées
quand j'étais dans le malheur.
15 Je t'offre en sacrifice
des bêtes grasses et des béliers,
je prépare des taureaux et des boucs.

16 Vous tous qui respectez Dieu, venez,
je vous raconterai ce qu'il a fait pour moi.
17 J'ai crié vers lui
et j'ai chanté ses louanges.
18 Si j'avais eu de mauvaises intentions,
le Seigneur ne m'aurait pas écouté.
19 Mais Dieu a écouté,
il a fait attention à ma prière.
20 Merci à Dieu !
Il n'a pas repoussé ma prière,
il ne m'a pas privé de son amour !

Dites merci à Dieu, tous les peuples !

67 *Psaume pris dans le livre du chef de chorale.*
*Avec *instruments à cordes. Chant.*

2 O Dieu, aie pitié de nous et bénis-nous,
fais briller sur nous ton visage !
3 Alors sur la terre, on verra comment tu agis,
toutes les nations sauront que tu es le sauveur.
4 O Dieu, que les peuples te disent merci,
que les peuples te remercient tous ensemble !

5 Que les nations se réjouissent et chantent leur joie,
car tu juges les peuples avec *justice,
et sur la terre, tu conduis les nations.
6 O Dieu, que les peuples te disent merci,
que les peuples te remercient tous ensemble !

7 La terre a donné ses récoltes,
Dieu, notre Dieu, nous bénit.
8 Oui, que Dieu nous bénisse,
et qu'on le respecte jusqu'au bout du monde !

Chant pour le Dieu vainqueur

68 *Psaume pris dans le livre du chef de chorale. Chant.*

2 Dieu se lève, ses ennemis partent de tous côtés,
ceux qui le détestent fuient devant lui.
3 Comme la fumée disparaît,
ils disparaissent.
Comme la cire fond devant le feu,
les gens mauvais meurent quand Dieu paraît.
4 Mais ceux qui obéissent à Dieu
se réjouissent,
ils dansent de joie devant lui.

5 Chantez pour Dieu, jouez pour son nom!
Ouvrez la route à celui qui avance
sur son char de nuages.
Son nom est : le Seigneur.
Dansez de joie devant lui !
6 Dans sa maison très *sainte,
Dieu est un père pour les orphelins,
un défenseur pour les veuves.
7 Dieu donne une famille à ceux qui sont seuls,
il libère les prisonniers dans la joie.
Mais ceux qui refusent de lui obéir
restent sur une terre sèche.

8 O Dieu, tu es sorti devant ton peuple,
tu as avancé dans le désert.
9 A ce moment-là, la terre a tremblé,
le ciel a versé toute son eau,
devant toi, Dieu du Sinaï,
devant toi, Dieu d'Israël.
10 O Dieu, tu as fait tomber une pluie abondante,
et tu as rendu la vie à ton peuple sans force.
11 C'est dans ton pays que ton peuple s'est installé.
C'est toi, Dieu très bon, qui as préparé ce pays
pour les malheureux.

12 Le Seigneur dit une parole,
et une foule de messagères annoncent
cette bonne nouvelle :
13 « Ils fuient, ils fuient,
les rois des armées ennemies ! »
Les femmes restées à la maison
distribuent les richesses qu'ils abandonnent.
14 Est-ce que vous resterez couchés au camp ?
Les ailes de la *colombe se couvrent d'argent
et ses plumes ont un reflet d'or vert.
15 Quand le Dieu tout-puissant a chassé les rois
de tous côtés,
il a neigé[h] sur le Mont-Sombre.

16 La montagne du Bachane[i] est la montagne de Dieu,
la montagne du Bachane a de nombreux sommets.
17 Montagne aux nombreux sommets,
pourquoi es-tu jalouse de la montagne
où Dieu a choisi d'habiter ?
Mais oui, c'est là
que le Seigneur habitera pour toujours.

18 Dieu possède des milliers de chars,
des milliers de milliers.
Le Seigneur est au milieu d'eux,
sur le mont Sinaï, dans le *lieu saint.
19 Seigneur Dieu, tu es monté là-haut
pour y habiter.
Tu as fait des prisonniers.
Les gens t'ont apporté des cadeaux,
même ceux qui refusent de t'obéir.

20 Remercions le Seigneur chaque jour !
Il nous prend en charge, Dieu notre sauveur.
21 Notre Dieu est un Dieu qui sauve.

h **68.15** *La neige tombe du ciel quand il fait froid.*
Elle ressemble à du coton très blanc.

i **68.16** *Voir 22.13 et la note.*

Grâce à Dieu, le Seigneur,
nous pouvons échapper à la mort.
22 Mais Dieu écrase la tête de ses ennemis,
la tête aux cheveux longs[j]
de ceux qui mènent une vie d'assassins.

23 Le Seigneur a dit :
« Je ramènerai tes ennemis du Bachane,
je les ramènerai du fond de la mer.
24 Alors tu marcheras dans le sang,
et tes chiens dévoreront le corps de tes ennemis. »
25 O Dieu, on voit ton cortège,
ton cortège dans le Temple *saint,
mon Dieu et mon roi !
26 Les chanteurs marchent devant,
les musiciens derrière,
les jeunes filles sont au milieu,
frappant le *tambourin.
27 Remerciez Dieu dans les assemblées,
remerciez Dieu, le Seigneur,
vous qui avez vos racines en Israël.
28 En premier, il y a Benjamin, le plus jeune,
puis les chefs de Juda en habits brodés,
les chefs de Zabulon, les chefs de Neftali.
29 O Dieu, commande selon ta puissance,
cette puissance qui a fait pour nous
tant de choses !
30 Ton Temple domine Jérusalem,
et là, les rois t'apportent des cadeaux.
31 Depuis ce lieu, menace l'animal des roseaux,
le troupeau de bœufs.
Menace ces peuples de jeunes veaux[k],
ceux qui se mettent à genoux devant toi
en t'offrant beaucoup d'argent.

j **68.22** *Quand une guerre était faite au nom de Dieu, les combattants portaient des cheveux longs.*

k **68.31** *L'animal des roseaux désigne peut-être l'Égypte. Les bœufs et les veaux représentent sans doute d'autres ennemis du peuple d'Israël.*

Chasse de tous côtés
les peuples qui veulent la guerre.

32 Des grands de ce monde arrivent d'Égypte,
les Éthiopiens tendent les mains vers Dieu.
33 Royaumes de la terre, chantez pour Dieu,
jouez pour le Seigneur !
34 Depuis toujours, il parcourt le *ciel sur son char.
Voici qu'il fait entendre sa voix,
sa voix puissante.
35 Reconnaissez la force de Dieu,
son pouvoir sur Israël,
reconnaissez sa force aussi haute que les nuages.

36 Depuis son Temple, Dieu est terrible.
C'est le Dieu d'Israël,
qui donne puissance et force à son peuple.
Merci à Dieu !

O Dieu, sauve-moi, j'ai de l'eau jusqu'au cou !

69 *Chant de David, pris dans le livre du chef de chorale.*
*Sur un *instrument à cordes.*

2 O Dieu, sauve-moi, j'ai de l'eau jusqu'au cou !
3 Je m'enfonce dans un fossé plein de boue
et je n'ai rien pour me retenir.
Puis je coule dans l'eau profonde,
et le courant m'entraîne.
4 Je suis épuisé à force de crier,
ma gorge est brûlante,
mes yeux se fatiguent à attendre mon Dieu.
5 Ceux qui me détestent sans raison
sont plus nombreux que les cheveux de ma tête.
Ils sont puissants,
ceux qui me détruisent
et qui m'en veulent injustement.
Ce que je n'ai pas volé,
est-ce que je peux le rendre ?

6 O Dieu, tu connais ma bêtise,
mes fautes ne sont pas cachées pour toi.

7 Seigneur, Dieu de l'univers,
ceux qui comptent sur toi,
je ne veux pas qu'ils aient honte
à cause de moi.
Dieu d'Israël, ceux qui te cherchent,
qu'on ne les insulte pas à cause de moi !
8 Pour toi, je supporte les insultes,
la honte couvre mon visage.
9 Je suis devenu un étranger pour mes frères,
un inconnu pour les fils de ma mère.
10 Oui, l'amour ardent que j'ai pour ta maison
me brûle comme un feu,
et les insultes de ceux qui t'insultent
tombent sur moi.
11 Quand je pleure et quand je *jeûne,
on m'insulte,
12 quand je mets un vêtement de deuil,
on se moque de moi.
13 Ceux qui sont assis sur la place publique
parlent contre moi,
et les buveurs chantent des chansons sur moi.

14 Et moi, je te prie, Seigneur,
c'est le moment de m'écouter.
O Dieu, ton amour est immense,
réponds-moi !
Oui, tu es vraiment mon sauveur.
15 Ne me laisse pas m'enfoncer dans la boue,
sors-moi de là !
Arrache-moi à ceux qui me détestent
et à l'eau profonde !
16 Que l'eau ne m'entraîne pas dans son courant,
que le fossé ne m'avale pas,
que la tombe ne se referme pas sur moi !
17 Seigneur, réponds-moi !
Oui, ton amour me fait du bien.
Dans ta grande tendresse, tourne-toi vers moi !

18 Ne cache plus ton visage à ton serviteur.
Je suis très malheureux, vite, réponds-moi !
19 Viens près de moi, sauve ma vie !
A cause de mes ennemis, libère-moi !

20 Tu le sais, on m'insulte, on m'enlève mon honneur,
on me couvre de honte.
Tous mes ennemis sont là devant toi.
21 L'insulte m'a blessé, je ne peux pas guérir.
J'attends un geste d'amitié, mais rien ne vient.
Je cherche quelqu'un qui m'encourage,
mais je ne trouve personne.
22 Mes ennemis ont mis du poison dans ma nourriture,
et quand j'ai soif, ils me font boire du vinaigre.

23 Que leurs bons repas soient un piège
pour eux et pour leurs invités !
24 Que leurs yeux ne voient plus clair,
qu'ils deviennent aveugles !
Fais-leur courber le dos sans arrêt !
25 Répands sur eux ta grande *colère,
qu'elle les brûle comme un feu !
26 Que leur camp soit détruit,
que personne n'habite plus sous leurs tentes !
27 Celui que tu as déjà frappé,
ils le font souffrir davantage.
Et ils ajoutent des souffrances
à ceux que tu as blessés.

28 Charge-les de toutes leurs fautes,
ne leur pardonne plus !
29 Efface leurs noms du livre des vivants,
ne les compte pas parmi ceux qui t'obéissent !

30 Et moi, je suis malheureux et je souffre,
mais ton secours me protégera, ô Dieu.
31 Je chanterai le nom de Dieu,
j'annoncerai sa grandeur en lui disant merci.
32 Cela plaît davantage au Seigneur qu'un bœuf,
qu'un taureau avec cornes et sabots.

33 En voyant cela, les gens simples
sont dans la joie.
Longue vie à vous qui cherchez Dieu !
34 Oui, le Seigneur écoute les pauvres,
il ne rejette pas ses amis
quand ils sont en prison.
35 *Ciel et terre,
et vous, les mers avec tout ce qui remue en vous,
chantez les louanges du Seigneur !
36 Oui, Dieu sauvera Jérusalem,
il reconstruira les villes de Juda.
Son peuple s'y installera,
il en prendra possession.
37 Les enfants des serviteurs de Dieu
recevront ces villes en partage,
et ceux qui aiment le Seigneur
habiteront à cet endroit.

Seigneur, viens vite à mon aide !

70 *Chant de David, pris dans le livre du chef de chorale, pour que Dieu se souvienne.*

2 O Dieu, délivre-moi,
Seigneur, viens vite à mon aide !
3 Ceux qui veulent me tuer,
qu'ils soient vraiment couverts de honte !
Ceux qui souhaitent mon malheur,
qu'ils reculent sans honneur !
4 Ceux qui se moquent de moi,
qu'ils repartent sous le poids de la honte !
5 Mais ceux qui te cherchent, Seigneur,
qu'ils dansent de joie à cause de toi !
Ceux qui t'aiment, toi qui nous sauves,
qu'ils disent sans cesse :
« Dieu est grand » !
6 Moi, je suis malheureux et pauvre.
O Dieu, viens vite !
Tu es mon secours, mon libérateur.
Seigneur, n'attends pas !

Seigneur, ne me rejette pas maintenant que je suis vieux !

71 Seigneur, tu es mon abri,
ne me laisse jamais couvert de honte.

2 Tu es fidèle, délivre-moi, libère-moi !
Tends l'oreille vers moi et sauve-moi !
3 Sois pour moi le solide rocher qui m'accueille,
l'endroit où je peux venir à tout moment :
tu as décidé de me sauver.
Oui, mon rocher, c'est toi,
tu me protèges avec puissance.
4 Mon Dieu, délivre-moi des mains de l'homme mauvais !
Ne permets pas que les gens faux et violents m'écrasent !
5 Depuis ma jeunesse, Seigneur Dieu,
je compte sur toi, j'ai confiance en toi.
6 Je m'appuie sur toi depuis ma naissance,
puisque c'est toi qui m'as fait sortir
du ventre de ma mère.
J'ai toujours une raison de chanter tes louanges.
7 Pour beaucoup, j'étais un être étrange,
mais tu es pour moi un abri sûr.
8 Ma bouche est pleine de tes louanges.
Tous les jours, je chante ta beauté.

9 Ne me rejette pas maintenant que je suis vieux,
ne m'abandonne pas quand mes forces s'en vont.
10 Mes ennemis parlent de moi,
ceux qui me surveillent se mettent d'accord.
11 Ils disent :
« Dieu l'a abandonné, courez après lui,
attrapez-le, personne ne le sauvera ! »
12 O Dieu, ne t'éloigne pas de moi !
Mon Dieu, viens vite à mon aide !
13 Ceux qui m'accusent,
qu'ils tombent et soient couverts de honte !
Ceux qui cherchent mon malheur,
que l'insulte et la honte les recouvrent !

14 Moi, je compte toujours sur toi
et je continue à chanter tes louanges.
15 Tu es un Dieu fidèle et tu nous sauves.
Je raconte cela tous les jours,
tellement tes bienfaits sont nombreux.
16 Je parle de tes exploits, Seigneur Dieu,
je rappelle que toi seul, tu es fidèle.

17 O Dieu, tu m'as enseigné depuis ma jeunesse.
Jusqu'à présent, j'annonce tes actions magnifiques.
18 Maintenant que je suis vieux, couvert de cheveux blancs,
ne m'abandonne pas, ô Dieu !
Alors je pourrai annoncer ta puissance éclatante
aux jeunes d'aujourd'hui
et aux enfants qui vont naître.
19 O Dieu, ta fidélité est aussi haute que les nuages.
O Dieu, toi qui as fait des choses si grandes,
qui est comme toi ?
20 A cause de toi,
j'ai connu beaucoup de souffrances et de malheurs,
mais tu viendras me rendre la vie.
De nouveau, tu me feras remonter du fond de la tombe.
21 Tu me rendras mon honneur
et de nouveau, tu me consoleras.
22 Et moi, je te dirai merci avec la *harpe,
mon Dieu, je chanterai ta fidélité.
Je jouerai pour toi de la *cithare,
toi, le Dieu *saint d'Israël.
23 Oui, ma bouche criera de joie quand je jouerai pour toi,
car tu m'as sauvé la vie.
24 Jour après jour, je redirai que tu es fidèle.
En effet, ceux qui cherchaient mon malheur,
les voilà couverts de honte et d'insultes.

O Dieu, donne au roi ton pouvoir de juger !

72 *Psaume de Salomon.*

O Dieu, donne au roi d'être aussi *juste que toi,
donne à notre roi ton sens de la *justice.

2 Qu'il juge ton peuple avec justice,
et les malheureux selon ta *loi !

3 Montagnes, apportez la paix au peuple,
collines, apportez-lui la justice !
4 Que le roi fasse justice aux malheureux du peuple,
qu'il soit le sauveur des pauvres,
qu'il écrase l'homme qui les écrase !

5 Qu'il vive jusqu'à la fin du monde,
aussi longtemps que le soleil et la lune !
6 Que le roi soit comme la pluie qui tombe sur les champs,
comme l'eau qui arrose la terre !
7 Que la justice s'étende tant qu'il gouvernera,
que la richesse déborde tant que la lune brillera !

8 Qu'il gouverne de la mer Morte à la Méditerranée,
depuis l'Euphrate jusqu'au bout du monde !
9 Les habitants du désert s'inclineront devant lui,
ses ennemis lécheront la poussière.
10 Les rois de Tarsis et des îles lointaines
lui apporteront des cadeaux,
les rois de Saba et de Séba lui paieront l'impôt[l].
11 Tous les rois se mettront à genoux devant lui,
tous les peuples le serviront.

12 Oui, il délivrera le pauvre qui appelle
et le malheureux sans appui.
13 Il aura pitié du faible et du pauvre,
il leur sauvera la vie.
14 Il les délivrera des gens faux et violents,
car leur vie a du prix à ses yeux.

15 Vive le roi ! On lui donnera l'or de Séba,
on priera sans cesse pour lui.
Que Dieu le bénisse jour après jour !

l **72.10** *Tarsis désigne peut-être une ville d'Espagne.*
Saba est sans doute au sud de l'Arabie.
Séba est peut-être au nord du Soudan actuel ou au Yemen.

16 Que le *blé déborde dans le pays !
Que ses épis se balancent au sommet des montagnes,
comme le mont Liban quand il fleurit !
Que les villes se développent,
comme l'herbe des champs !

17 Que le nom du roi soit célèbre pour toujours,
que l'on garde son souvenir
tant que le soleil brillera !
Que tous les peuples reconnaissent
que le roi est béni de Dieu !
Et que, par lui, chacun souhaite aux autres
cette même bénédiction !

18 Merci au Seigneur, le Dieu d'Israël,
lui seul fait des actions magnifiques.
19 Merci pour toujours au Dieu glorieux !
Que toute la terre soit pleine de sa *gloire !
Oui, oui, qu'il en soit ainsi !

20 Les prières de David, fils de Jessé, finissent ici.

TROISIÈME LIVRE (Psaumes 73—89)

J'étais jaloux des gens mauvais

73 *Psaume d'Assaf[m].*

Oui, Dieu est bon pour Israël,
pour ceux qui ont le cœur *pur.
2 Pourtant, j'ai bien failli glisser,
j'étais sur le point de tomber.

3 Car je voyais le bonheur des orgueilleux,
et j'étais jaloux de ces gens mauvais.

m 73.1 *Voir 50.1 et la note.*

4 Jusqu'à la mort, ils ne souffrent pas,
ils sont gros et en bonne santé.
5 Ils n'ont pas les mêmes soucis que tout le monde,
le malheur qui frappe les autres passe loin d'eux.

6 C'est pourquoi ils sont gonflés d'orgueil,
et la violence les enveloppe comme un vêtement.
7 Leurs yeux brillent au milieu de leur graisse.
Tout ce qu'ils imaginent dans leur cœur
dépasse la mesure.
8 Ils se moquent des gens,
leurs paroles sont dures et méprisantes.
9 Leur bouche insulte même le *ciel,
et leur langue critique tout sur la terre.
10 C'est pourquoi le peuple se tourne vers eux,
il boit leurs paroles comme de l'eau.
11 Ces gens-là disent :
« Dieu ne sait rien.
Celui qui est là-haut,
est-ce qu'il connaît quelque chose ? »
12 Voilà les gens mauvais :
ils augmentent leur richesse tout tranquillement.
13 C'est vraiment pour rien que j'ai gardé mon cœur pur,
que j'ai lavé mes mains
pour montrer mon innocence.
14 Tous les jours, on me frappe,
et tous les matins, on me punit.
15 Je pourrais parler comme les gens mauvais !
Mais alors, ô Dieu, je trahirais tes enfants.
16 J'ai donc réfléchi pour comprendre cela
et j'ai vu que c'était difficile.
17 Mais quand je suis entré dans ton Temple,
j'ai compris ce qui attend ces gens-là.

18 Oui, tu les mets sur des chemins glissants
pour qu'ils disparaissent plus vite.
19 Tout d'un coup, plus rien,
ils sont finis, détruits par la peur.
20 Seigneur, quand tu te lèves,
ils disparaissent comme un rêve au réveil.

21 Quand mon cœur était blessé,
quand j'étais profondément déchiré,
22 j'étais stupide, je ne comprenais rien,
j'étais comme une bête devant toi.

23 Pourtant, je suis toujours avec toi !
Tu m'as pris par la main droite,
24 tu me guides comme tu veux,
puis tu me recevras avec honneur.
25 Sur la terre, je ne désire que toi,
et au ciel, qui d'autre sera à moi ?
26 Mon corps et mon cœur peuvent être usés,
mais Dieu est mon solide rocher
et mon trésor pour toujours.
27 Ceux qui s'éloignent de toi perdent la vie,
tu détruis tous ceux qui t'abandonnent.
28 Mais mon bonheur à moi,
c'est d'être près de toi.
Seigneur Dieu, j'ai mis ma confiance en toi
et je raconterai tout ce que tu as fait.

O Dieu, dans ton lieu saint, l'ennemi a tout détruit

74 *Enseignement d'Assaf[n].*

O Dieu, tu nous as rejetés pour toujours,
toi, notre berger.
Pourquoi ?
Tu es dans une grande *colère contre nous,
les brebis de ton troupeau.
Pourquoi donc ?
2 Souviens-toi de ton peuple,
tu l'as pris pour toi voici longtemps.
Souviens-toi de ces tribus qui t'appartiennent
et de la montagne de *Sion où tu habites.

n **74.1** *Voir 50.1 et la note.*

3 Viens voir ce qui a été détruit pour toujours.
Dans ton *lieu saint, l'ennemi a tout démoli.
4 Tes ennemis ont crié victoire
à l'endroit même où tu nous rencontrais,
et là, ils ont placé leurs drapeaux.
5 Ils ressemblaient à ceux qui abattent des arbres
à coups de hache dans la forêt.
6 A coups de hache et de marteau,
ils ont cassé toutes les décorations de ton Temple.
7 Ils ont mis le feu à ton lieu saint,
ils ont renversé et sali ta maison.
8 Ils ont dit dans leur cœur :
« Écrasons-les complètement ! »
Ils ont brûlé tous les lieux de culte du pays.
9 Nous ne voyons plus les signes de ta présence,
il n'y a plus de *prophètes.
Cela va durer jusqu'à quand ?
Parmi nous, personne ne le sait.
10 O Dieu, tes ennemis t'insultent,
mais jusqu'à quand ?
Est-ce qu'ils vont continuer longtemps
à mépriser ton nom ?
11 Tu ne fais rien, pourquoi ?
Tu restes les bras croisés, oui, pourquoi ?
12 Pourtant, ô Dieu, tu es notre Roi depuis toujours,
c'est toi qui nous as toujours sauvés dans ce pays.
13 C'est toi qui as ouvert la mer avec puissance,
qui, dans l'eau, as écrasé la tête des dragons[o].
14 Tu as détruit les têtes de Léviatan[p],
et tu l'as donné à manger aux requins.
15 C'est toi qui fais couler les sources et les rivières,
et tu rends secs des fleuves toujours pleins d'eau.
16 Le jour est à toi, la nuit est à toi,

***o* 74.13** *Les dragons sont des animaux étranges qui font peur. Ici, ils représentent sans doute les Égyptiens noyés dans la mer des Roseaux.*

***p* 74.14** *Léviatan : c'est le nom d'un animal étrange de la mer. Il a sept têtes et représente les forces du mal.*

toi qui as créé la lune et le soleil.
17 Tu as fixé toutes les limites de la terre,
et c'est toi qui as fait les saisons.

18 Souviens-toi de ceci, Seigneur :
tes ennemis t'insultent,
et un peuple stupide méprise ton nom !
19 Ne livre pas aux bêtes sauvages
la vie de ton peuple très aimé.
N'oublie pas pour toujours
la vie des malheureux de ton peuple !
20 Sois attentif à ton *alliance !
Dans les lieux sombres du pays,
des gens se cachent pour agir avec violence.

21 Ceux qu'on écrase,
qu'ils ne reviennent pas couverts de honte !
Mais que les malheureux et les pauvres
chantent ton nom !
22 Lève-toi, ô Dieu, défends ta cause !
Souviens-toi des insultes
que ces gens stupides te lancent toute la journée.
23 N'oublie pas les cris de tes ennemis,
le bruit toujours plus fort de tes adversaires.

C'est Dieu qui juge

75 *Psaume d'Assaf[q], pris dans le livre du chef de chorale. Sur l'air de « Ne détruis pas... » Chant.*

2 Nous te disons merci, ô Dieu,
nous te disons merci,
car tu es proche de nous.
Nous racontons tes actions magnifiques.

3 Dieu dit :
« Je choisirai le bon moment

q **75.1** *Voir 50.1 et la note.*

et je jugerai avec *justice.
4 La terre peut trembler avec tous ses habitants,
mais moi, je l'ai fixée solidement. »

5 J'ai dit à ceux qui se vantent :
« Ne vous vantez pas. »
et aux gens mauvais :
« Ne vous croyez pas au-dessus des autres !
6 N'élevez pas la tête si haut,
arrêtez vos discours méprisants !
7 Non, la grandeur ne vient ni de l'est, ni de l'ouest,
elle ne vient pas du désert.
8 Mais c'est Dieu qui juge :
il abaisse l'un, il élève l'autre. »

9 Le Seigneur tient une *coupe dans ses mains,
elle est pleine de vin fort et fermenté.
Il en offre à tous les gens mauvais du pays.
Tous doivent en boire
et vider la coupe jusqu'à la dernière goutte.

10 Et moi, sans cesse, je chanterai pour le Dieu de *Jacob,
j'annoncerai ce qu'il a dit :
11 « Je vais détruire l'orgueil des gens mauvais,
mais la fierté de ceux qui m'obéissent grandira. »

A Jérusalem, Dieu a arrêté la guerre

76 *Psaume d'Assaf[r], pris dans le livre du chef de chorale.*
*Avec *instruments à cordes. Chant.*

2 Dieu est bien connu en Juda,
il est célèbre en Israël.
3 A Jérusalem, il a planté sa *tente,
sa maison est à *Sion.
4 C'est là qu'il a cassé les armes de guerre :
les flèches, les *boucliers et les lances.

r **76.1** *Voir 50.1 et la note.*

5 Tu es plus glorieux, plus magnifique que les montagnes
qui existent depuis toujours et pour toujours.
6 On a arraché tout ce qu'ils avaient
à ces soldats courageux,
et ils se sont endormis dans la mort.
Aucun combattant n'a pu se défendre.
7 Par tes menaces, Dieu de *Jacob,
tu as paralysé chevaux et cavaliers.
8 Toi, tu es terrible.
Qui peut rester debout devant toi
quand tu es en *colère ?
9 Du haut du *ciel, tu fais entendre ton jugement.
Le monde a peur et garde le silence
10 quand tu te lèves pour juger,
pour sauver tous les malheureux de la terre.
11 Même la colère des hommes te rend *gloire,
et ceux qui restent en colère
prendront la tenue de deuil.

12 Faites des promesses au Seigneur votre Dieu
et tenez-les.
Vous tous qui l'entourez,
offrez des cadeaux à ce Dieu terrible.
13 Il abaisse l'orgueil des chefs,
il fait peur aux rois de la terre.

Dans le malheur, je me souviens de tes exploits

77 *Psaume d'Assaf, pris dans le livre du chef de chorale.*
D'après Yedoutoun[s].

2 C'est Dieu que j'appelle, je crie vers lui,
c'est Dieu que j'appelle, il va m'écouter.
3 Quand je suis dans le malheur,
je cherche le Seigneur.
La nuit, je lève les mains vers lui sans me reposer,

s **77.1** *Assaf : voir 50.1 et la note.*
Yedoutoun : voir 39.1 et la note.

je refuse d'être consolé.
4 Quand je me souviens de Dieu, je me plains,
quand je réfléchis, je suis découragé.
5 Tu gardes mes yeux ouverts,
je suis troublé, je ne sais pas quoi dire.
6 Je pense aux jours d'autrefois,
aux années passées.
7 La nuit, je me souviens de mon chant,
je réfléchis dans mon cœur
et je me pose des questions.
8 Est-ce que le Seigneur nous rejette pour toujours ?
Est-ce qu'il ne veut plus jamais nous recevoir ?
9 Est-ce que son amour a complètement disparu ?
Est-ce que maintenant, il n'a plus rien à nous dire ?
10 Est-ce que Dieu a oublié d'avoir pitié de nous ?
Est-ce que, dans sa *colère, il a fermé son cœur ?
11 Je me dis :
« Ce qui me blesse,
c'est que le Dieu très-haut n'agit plus comme avant. »

12 Je me souviens de tes exploits, Seigneur,
oui, je me rappelle tes actions étonnantes d'autrefois.
13 Je réfléchis à tout ce que tu as fait,
je pense à tes exploits.
14 O Dieu, ton action est vraiment *sainte.
Quel dieu est aussi grand que toi ?
15 Tu es le seul qui fait des choses étonnantes,
tu as montré ton pouvoir aux autres peuples.
16 Par ta puissance, tu as libéré ton peuple,
les fils de *Jacob et de Joseph.
17 O Dieu, oui, l'eau t'a vu, oui, elle t'a vu
et elle a eu peur,
le fond de la mer aussi a tremblé.
18 Les nuages ont envoyé des torrents d'eau.
Du *ciel, le tonnerre a éclaté,
et tes éclairs comme des flèches
volaient de tous côtés.
19 Le bruit de ton tonnerre roulait,
tes éclairs ont éclairé le monde,
la terre troublée tremblait.

20 Tu es passé au milieu de la mer,
tu as fait ton chemin dans l'eau profonde,
personne n'a vu tes traces.
21 Par la main de Moïse et *d'Aaron,
tu as conduit ton peuple,
comme un berger conduit son troupeau.

Les actions magnifiques du Seigneur

78 *Enseignement d'Assaf[t].*

1 Mon peuple, écoute mon enseignement,
tends l'oreille à mes paroles !
2 Je vais prendre des comparaisons
et tirer du passé un enseignement caché.
3 Nous avons entendu parler des événements d'autrefois,
nous les connaissons.
Nos parents nous les ont racontés :
4 nous ne les cacherons pas à nos enfants.
Nous raconterons aux générations qui viennent
les actions glorieuses du Seigneur, sa puissance
et les choses magnifiques qu'il a faites.

5 Il a donné des commandements au peuple de *Jacob,
il a établi une *loi en Israël.
Il a ordonné à nos ancêtres
de faire connaître ces choses à leurs enfants.
6 Ainsi les générations qui viennent,
les enfants qui vont naître,
connaîtront cette histoire
et ils la raconteront à leurs enfants.
7 Et les enfants de leurs enfants
pourront mettre leur confiance en Dieu.
Ils n'oublieront pas ses exploits,
ils obéiront à ses commandements.
8 Alors ils ne seront pas comme la génération de leurs ancêtres
qui ont désobéi à Dieu

t **78.1** *Voir 50.1 et la note.*

et se sont révoltés contre lui.
Leur cœur n'était pas sûr,
leur esprit n'a pas été fidèle à Dieu.
9 Les gens de la tribu d'Éfraïm, armés de flèches,
ont tourné le dos le jour du combat.
10 Ils n'ont pas gardé *l'alliance de Dieu,
ils ont refusé de suivre sa loi.
11 Ils ont oublié les exploits de Dieu
et les choses magnifiques qu'il leur avait montrées.

12 En Égypte, dans la région de Tanis,
sous les yeux de leurs ancêtres,
Dieu a fait une chose étonnante.
13 Il a ouvert la mer pour les faire passer,
il a mis l'eau debout comme un grand mur[u].
14 Le jour, il les guidait par un nuage,
et la nuit, par la lumière d'un feu.
15 Il a fendu des rochers dans le désert
pour leur donner de l'eau en abondance[v].
16 De la pierre, il a fait sortir des ruisseaux
et couler des torrents d'eau.
17 Mais dans le désert,
ils ont continué à pécher contre Dieu,
ils se sont révoltés contre le Très-Haut.
18 Ils ont provoqué Dieu dans leur cœur,
ils lui ont demandé de manger à leur faim.
19 Ils ont parlé contre lui en disant :
« Est-ce que Dieu est capable
de nous donner à manger dans le désert ?
20 C'est vrai, il a frappé le rocher,
l'eau a coulé en abondance.
Mais est-ce qu'il peut aussi nous donner du pain,
et préparer de la viande pour son peuple ? »
21 Le Seigneur a entendu cela,
il s'est fâché contre le peuple de Jacob,
il s'est mis en *colère contre Israël.

u **78.12-13** *Voir Exode 14 — 15.*

v **78.15** *Voir Exode 17.1-7 ; Nombres 20.1-13.*

22 En effet, ils n'ont pas eu confiance en Dieu,
ils n'ont pas cru qu'il pouvait les sauver.
23 Ensuite, Dieu a commandé aux nuages,
il a ouvert les portes du *ciel.
24 Pour les nourrir, il a fait pleuvoir la *manne,
il leur a donné le pain du ciel.
25 Nos ancêtres ont mangé le pain des *anges,
Dieu leur a envoyé de la nourriture en abondance.
26 Dans le ciel, il a chassé le vent d'est,
par sa puissance, il a amené le vent du sud.
27 Il a fait pleuvoir de la viande sur eux
comme un nuage de poussière,
et des oiseaux nombreux
comme les grains de sable au bord de la mer.
28 Il les a fait tomber au milieu de leur camp,
tout autour de leurs tentes.
29 Nos ancêtres ont tellement mangé
qu'ils n'avaient plus faim,
Dieu leur a servi ce qu'ils ont voulu.
30 Mais ils n'avaient pas encore fini de manger,
ils avaient encore la bouche pleine[w].
31 A ce moment-là,
la colère de Dieu a éclaté contre eux,
il a fait mourir les plus forts,
il a fait tomber les jeunes gens d'Israël.

32 Malgré tout cela, ils ont encore fait des fautes,
ils ne croyaient toujours pas aux actions magnifiques de Dieu.
33 Alors, d'un seul souffle, il leur a enlevé la vie.
Ils ont fini leurs années dans la peur.
34 Quand Dieu allait les faire mourir,
ils se tournaient vers lui,
ils revenaient vers lui, ils cherchaient son aide.
35 Ils se rappelaient que Dieu était leur solide rocher,
que le Dieu très-haut était leur défenseur.
36 Mais leur bouche le trompait,
leur langue lui mentait.

w **78.18-30** *Voir Exode 16.2-36 ; Nombres 11.31-33.*

37 Leur cœur n'était pas solidement attaché à lui,
ils n'étaient pas fidèles à son alliance.
38 Et lui, plein de tendresse,
il pardonnait leurs fautes,
il ne les faisait pas mourir.
Il retenait souvent sa colère, il la laissait dormir.
39 Dieu se souvenait
que nos ancêtres étaient seulement des hommes :
un souffle qui s'en va et qui ne revient plus.

40 Dans le désert,
nos ancêtres se sont souvent révoltés contre Dieu,
ils ont fait des fautes contre lui
dans ces endroits secs.
41 Ils ont recommencé à provoquer Dieu,
à mettre en colère le *Saint d'Israël.
42 Ils ont oublié ce qu'il avait fait pour eux,
le jour où il les avait délivrés de leurs ennemis.
43 Ils ont oublié ses actions étonnantes en Égypte
et les choses extraordinaires
qu'il avait réalisées dans la région de Tanis :
44 Dieu a changé l'eau des canaux en sang,
les Égyptiens ne pouvaient plus la boire.
45 Il a envoyé contre ce peuple
des mouches piquantes qui mordaient les gens,
et des grenouilles qui les empêchaient de vivre.
46 Il a livré leurs récoltes aux criquets,
et le produit de leur travail,
Dieu l'a laissé aux sauterelles.
47 Il a détruit leurs *vignes par la grêle[x]
et leurs *figuiers sauvages par le froid.
48 Il a abandonné leurs bœufs et leurs moutons à la grêle
et leurs troupeaux à la foudre.
49 Dieu a lancé, contre les Égyptiens,
sa colère brûlante comme le feu,
il ne l'a pas retenue.
Il leur a envoyé une troupe *d'anges de malheur.

x **78.47** *Grêle : voir 18.13 et la note.*

50 Il a laissé sa colère agir librement,
il n'a pas protégé les Égyptiens contre la mort,
il les a livrés à la peste.
51 Dieu a fait mourir tous leurs fils aînés,
eux qui étaient les premiers fruits de la puissance de leur père
dans la famille de Cham[y].

52 Puis il a fait partir son peuple comme un troupeau,
il a guidé les *Israélites dans le désert
comme des brebis.
53 Il les a conduits avec sûreté,
et eux n'ont pas eu peur
quand la mer a noyé leurs ennemis.

54 Dieu a conduit nos ancêtres
dans sa Terre *Sainte,
près de la montagne qu'il avait conquise
par sa puissance.
55 Il a chassé les autres peuples devant eux.
Il a divisé le pays de Canaan
en parts qu'il leur a données.
Il a installé les tribus d'Israël
sous leurs tentes.
56 Mais ils ont provoqué le Dieu très-haut
ils se sont révoltés contre lui,
ils n'ont pas gardé ses commandements.
57 Comme leurs ancêtres, ils ont pris un mauvais chemin,
ils n'ont pas été fidèles à Dieu,
ils se sont retournés comme un arc mal fait.
58 Ils l'ont mis en colère avec les lieux sacrés,
ils l'ont rendu furieux avec les statues
de leurs dieux.

59 Dieu a vu cela, il s'est mis en colère,
il a abandonné Israël.

y **78.43-51** *Voir Exode 7.3 — 11.10.*
Cham est un des trois fils de Noé (Genèse 7.13).
On le regarde comme l'ancêtre des populations d'Afrique
et du Moyen-Orient, en particulier des Égyptiens (Genèse 10.6-20).

60 Il a quitté sa maison à Silo,
la *tente plantée au milieu des humains[z].
61 Le *coffre de l'alliance,
signe de sa puissance et de sa *gloire,
il l'a laissé partir chez les ennemis.

62 Dieu était en colère
contre ceux qui lui appartenaient,
alors il a abandonné son peuple à la mort.
63 Le feu a brûlé les jeunes gens,
et on n'a plus chanté pour les jeunes filles.
64 On a tué les prêtres à la guerre,
et les veuves n'ont pas pleuré.

65 Ensuite, comme un dormeur,
comme un combattant courageux excité par le vin,
le Seigneur s'est réveillé.
66 Il a frappé ses ennemis par derrière,
il les a couverts de honte pour toujours.
67 Puis il a repoussé les enfants de Joseph,
il a refusé de choisir la tribu d'Éfraïm.
68 Mais il a choisi la tribu de Juda,
et c'est la montagne de *Sion qu'il a aimée.
69 Là, il a construit son *lieu saint solide comme le ciel,
et comme la terre, il l'a établi pour toujours.

70 Le Seigneur a choisi aussi David son serviteur,
il est allé le chercher dans l'enclos des moutons.
71 Il l'a pris au milieu du troupeau.
Il a fait de lui le berger du peuple de Jacob,
d'Israël, le peuple qui lui appartient[a].
72 David a conduit ce peuple avec un cœur parfait,
il l'a guidé avec sagesse.

z **78.60** *Voir 1 Samuel 4.3.*

a **78.70-71** *Voir 1 Samuel 13.14 ; 16.11-13 ; 2 Samuel 7.8-9.*

Jérusalem est devenue un tas de pierres

79 *Psaume d'Assaf*[b].

O Dieu, les autres peuples ont envahi
le pays qui t'appartient,
ils ont sali ton Temple *saint,
ils ont fait de Jérusalem un tas de pierres.
2 Ils ont donné les corps de tes serviteurs aux charognards
pour qu'ils les dévorent,
ils ont livré tes amis fidèles aux bêtes sauvages.
3 Autour de Jérusalem, ils ont fait couler leur sang comme de l'eau,
personne n'était là pour enterrer les morts.
4 Les peuples voisins nous insultent,
ceux qui nous entourent se moquent de nous et ils rient.

5 Tu seras en *colère jusqu'à quand, Seigneur ?
Est-ce que ta colère va brûler comme un feu pour toujours ?
6 Mets-toi plutôt en colère contre les peuples
qui ne te connaissent pas,
contre les royaumes qui ne te servent pas !
7 Oui, ils ont dévoré le peuple de *Jacob avec leurs dents,
ils ont détruit son pays.
8 Ne nous reproche pas les fautes de nos ancêtres !
Mais aie pitié de nous, viens vite,
nous n'en pouvons plus !
9 Viens à notre secours, Dieu notre sauveur,
pour la *gloire de ton nom !
Délivre-nous et pardonne nos péchés
à cause de ton nom.
10 Pourquoi laisser les autres peuples dire :
« Où est leur Dieu ? »
Montre-leur plutôt, sous nos yeux,
comment tu venges la mort de tes serviteurs !
11 Écoute avec bonté la plainte des prisonniers.
Toi qui es puissant,

b **79.1** *Voir 50.1 et la note.*

garde en vie ceux qui sont en danger de mort.
12 Les peuples voisins t'ont insulté, Seigneur,
rends-leur sept fois ces insultes en plein cœur !

13 Et nous, ton peuple,
nous te dirons toujours merci, à toi notre berger.
De génération en génération,
nous chanterons tes louanges.

Dieu de l'univers, fais-nous revenir !

80 *Psaume d'Assaf[c], pris dans le livre du chef de chorale.*
*Avec un *instrument à cordes.*

2 Berger d'Israël, toi qui conduis Joseph comme un troupeau,
écoute !
Toi qui es assis au-dessus des *chérubins,
parais, entouré de lumière.
3 Devant les tribus d'Éfraïm, Benjamin et Manassé,
réveille ta puissance et viens nous sauver !
4 O Dieu, fais-nous revenir !
Fais briller sur nous ton visage,
et nous serons sauvés !

5 Seigneur, Dieu de l'univers,
jusqu'à quand seras-tu en *colère,
malgré la prière de ton peuple ?
6 Tu lui donnes des larmes comme nourriture,
un océan de larmes à boire.
7 Tu fais de nous un sujet de querelle pour nos voisins,
et nos ennemis se moquent de nous comme ils veulent.
8 Dieu de l'univers, fais-nous revenir !
Fais briller sur nous ton visage,
et nous serons sauvés !

9 En Égypte, il y avait une *vigne.
Tu l'as enlevée de ce pays,

c **80.1** *Voir 50.1 et la note.*

tu as chassé d'autres peuples pour la replanter.
10 Tu as préparé le sol devant elle,
elle a enfoncé ses racines dans la terre
et elle a occupé tout le pays.
11 Son ombre a couvert les montagnes,
ses branches ont dépassé les plus beaux *cèdres.
12 Elle a étendu ses tiges jusqu'à la Méditerranée
et ses jeunes pousses jusqu'à l'Euphrate.

13 Pourquoi as-tu cassé sa clôture ?
Tous les passants volent ses grappes,
14 le sanglier de la forêt la détruit
et les bêtes des champs la mangent.
15 Dieu de l'univers, reviens !
Regarde du haut du *ciel et vois.
Prends soin de cette vigne.
16 Protège ce que tu as toi-même planté,
ce peuple que tu as rendu fort.

17 Cette vigne, ils l'ont brûlée et coupée.
Qu'ils disparaissent devant ton visage menaçant !
18 Pose ta main sur le roi qui est assis à ta droite,
sur cet homme que tu as rendu fort !
19 Alors nous n'irons plus loin de toi,
tu nous feras revivre et nous te prierons.

20 Seigneur, Dieu de l'univers, fais-nous revenir !
Fais briller sur nous ton visage,
et nous serons sauvés !

Mon peuple n'a pas écouté ma voix

81 *Chant d'Assaf[d], pris dans le livre du chef de chorale.*
*Avec la *harpe de Gat.*

2 Chantez joyeusement pour Dieu notre défenseur,
criez de joie pour le Dieu de *Jacob !

d 81.1 *Voir 50.1 et la note.*

3 Jouez des *instruments, frappez le *tambourin,
jouez de la douce *cithare et de la harpe !
4 Sonnez du *cor à la nouvelle lune,
puis à la pleine lune pour notre fête.

5 Car c'est une loi pour le peuple d'Israël,
une décision du Dieu de Jacob.
6 C'est une règle qu'il a imposée à la famille de Joseph,
quand il est parti en guerre contre l'Égypte.

J'entends une voix que je ne connais pas.
Elle me dit :
7 « J'ai enlevé la charge de ton dos,
je t'ai libéré des durs travaux.
8 Dans le malheur, tu as crié, je t'ai sauvé.
Je t'ai répondu, caché dans l'orage.
Je t'ai fait passer une épreuve à la source de Mériba.
9 Écoute, mon peuple, j'ai quelque chose à te dire.
Israël, écoute-moi donc !
10 Tu n'auras pas chez toi d'autre dieu,
n'adore pas un dieu étranger.
11 C'est moi, le Seigneur ton Dieu,
qui t'ai fait sortir d'Égypte.
Ouvre ta bouche toute grande,
et je te nourrirai. »

12 Mais mon peuple n'a pas écouté ma voix,
Israël n'a pas voulu de moi.
13 Alors je les ai abandonnés à leur cœur fermé.
Ils peuvent bien faire ce qu'ils veulent !
14 Ah, si mon peuple m'écoutait,
si Israël marchait sur mon chemin,
15 je renverserais très vite leurs ennemis,
je frapperais ceux qui les écrasent !

16 Alors ceux qui détestent le Seigneur
lui feraient des compliments,
et Israël serait tranquille pour toujours.
17 Le Seigneur nourrirait son peuple d'un *blé excellent
et lui donnerait à manger du miel sauvage.

Contre les mauvais juges

82 *Psaume d'Assaf*[e].

Dieu est debout, entouré de ses conseillers.
Au milieu des dieux, il rend la *justice :

2 « Vous jugez de façon injuste,
vous êtes trop bons avec les coupables.
Cela va durer jusqu'à quand ?
3 Défendez les droits des orphelins et de ceux qui manquent de tout,
faites justice aux malheureux et à ceux qu'on écrase.
4 Libérez les pauvres et ceux qui manquent de tout,
arrachez-les aux mains des gens mauvais.

5 Mais vous êtes des ignorants, vous ne comprenez rien,
vous êtes complètement corrompus,
c'est pourquoi le monde ne tient pas debout.
6 Moi, j'ai dit :
Vous êtes des dieux, des fils du Dieu très-haut, vous tous !
7 Pourtant, vous mourrez comme les hommes,
vous tomberez comme n'importe quel chef ! »

8 Lève-toi, ô Dieu, juge la terre !
Oui, tu es le maître de tous les peuples.

O Dieu, ne garde pas le silence !

83 *Chant. Psaume d'Assaf*[f].

2 O Dieu, ne garde pas le silence,
ne reste pas tranquille sans rien faire !

3 Voilà : tes ennemis s'agitent,
ceux qui te détestent se révoltent.

e **82.1** *Voir 50.1 et la note.*
f **83.1** *Voir 50.1 et la note.*

4 Ils préparent un complot contre ton peuple,
ils se réunissent en secret
contre ceux que tu protèges.
5 Ils disent :
« Allez, détruisons leur pays,
qu'on ne parle plus d'Israël ! »
6 Ils se réunissent en secret
et ils sont tous d'accord
pour faire une *alliance contre toi.
7 Ce sont les gens d'Édom et d'Ismaël,
de Moab et d'Agar,
8 les gens d'Ammon et d'Amalec,
les Philistins et les habitants de Tyr[g].
9 Même les Assyriens s'unissent à eux
pour aider les enfants de Loth[h] !

10 Traite-les comme Yabine,
comme Sisra, son chef d'armée,
au torrent du Quichone.
Traite-les comme les Madianites.
11 On les a tués à la fontaine de Dor,
et ils ont servi d'engrais pour le sol !
12 Traite leurs notables comme Oreb et Zeb,
traite tous leurs chefs comme Zéba et Salmounna[i].
13 Ces gens-là ont dit :
« Prenons ce qui appartient à Dieu ! »
14 Mon Dieu, fais-les tourner
comme la paille emportée par le vent.
15 Comme le feu dévore la forêt,
comme les flammes brûlent les montagnes,
16 poursuis-les de ta tempête,
effraie-les par ta tornade !
17 Couvre leur visage de honte,
pour qu'ils se tournent vers toi, Seigneur !

g **83.7-8** *Tous ces peuples ennemis sont des voisins d'Israël.*

h **83.9** *Les enfants de Loth étaient les Moabites et les Ammonites, des ennemis d'Israël.*

i **83.10-12** *Voir Juges 4 ; 7—8.*

18 Qu'ils perdent leur honneur,
qu'ils soient effrayés pour toujours !
Couvre-les de honte, et qu'ils meurent !
19 Qu'ils apprennent que toi seul, tu es le Seigneur,
le Dieu très-haut sur toute la terre.

Comme j'aime ta maison, Seigneur de l'univers !

84 *Psaume du groupe de Coréľ,*
*pris dans le livre du chef de chorale. Avec la *harpe de Gat.*

2 Comme j'aime ta maison, Seigneur de l'univers !
3 Je meurs d'impatience
en attendant d'entrer dans les cours de ton Temple.
Mon cœur et mon corps crient de joie
vers le Dieu vivant.

4 Seigneur de l'univers, mon roi et mon Dieu,
même le petit oiseau trouve un abri
près de tes *autels,
et l'hirondelle peut faire un nid
où mettre ses petits.
5 Ils sont heureux,
ceux qui habitent dans ta maison,
sans cesse, ils peuvent chanter tes louanges.
6 Ils sont heureux,
ceux qui trouvent leur force en toi,
ceux qui partent vers toi de bon cœur.
7 Quand ils passent par une vallée très sèche,
Dieu la change en oasis,
et les premières pluies la couvrent de bénédictions.
8 En avançant, ils sont de plus en plus forts
et se présentent devant Dieu à Jérusalem.

9 Seigneur, Dieu de l'univers, entends ma prière,
Dieu de *Jacob, écoute-moi !
10 O Dieu, regarde le roi,

84.1 *Voir 42.1 et la note.*

il est notre *bouclier.
Accueille celui que tu as choisi.

11 Un seul jour dans les cours de ton Temple
vaut mieux que mille jours passés ailleurs.
Mon Dieu, j'aime mieux rester à la porte de ta maison
que de vivre au milieu des gens mauvais.

12 Oui, le Seigneur Dieu est un soleil,
il est un bouclier.
Le Seigneur donne l'amour et l'honneur.
Il ne refuse pas le bonheur
à ceux qui mènent une vie parfaite.
13 Seigneur de l'univers,
il est heureux, celui qui a confiance en toi !

Le Seigneur promet la paix à son peuple

85 *Psaume du groupe de Coré*[k],
pris dans le livre du chef de chorale.

2 Seigneur, tu as montré ton amour pour ton pays,
tu as fait revenir les prisonniers du peuple de *Jacob.
3 Tu as effacé les fautes de ton peuple,
tu as pardonné tous ses péchés.
4 Tu as arrêté ta *colère,
tu as abandonné ta brûlante colère.

5 Fais-nous revenir, Dieu notre sauveur,
ne nous en veux plus !
6 Est-ce que tu seras toujours furieux contre nous ?
Est-ce que ta colère
frappera toutes les générations qui viennent ?
7 Est-ce que tu ne reviendras pas nous rendre la vie,
pour que ton peuple se réjouisse en toi ?
8 Seigneur, montre-nous ton amour,
sauve-nous !

k **85.1** *Voir 42.1 et la note.*

9 J'écoute ce que Dieu dit.
Le Seigneur promet la paix à son peuple,
à ses amis fidèles.
Mais qu'ils ne reviennent pas à leur folie !
10 Le Seigneur sauvera bientôt ceux qui le respectent,
et sa *gloire habitera notre pays.

11 Amour et fidélité se rencontrent,
*justice et paix s'embrassent.
12 La fidélité monte de la terre
et la justice descend du *ciel.
13 Le Seigneur lui-même donne le bonheur,
et notre pays donne ses récoltes.
14 La justice marche devant le Seigneur,
elle prépare le chemin devant lui.

Seigneur, réponds-moi car je suis malheureux !

86 *Prière de David.*

Ce Psaume correspont aux besoins que je ressens aujourd'hui. Merci Seigneur.

Seigneur, tends l'oreille, réponds-moi,
car je suis pauvre et malheureux.
2 Mon Dieu, je suis ton ami fidèle, protège-moi !
Je suis ton serviteur, j'ai confiance en toi,
sauve-moi !
3 Aie pitié de moi, Seigneur,
toi que j'appelle chaque jour.
4 Moi, ton serviteur,
je me tourne vers toi, Seigneur,
verse la joie dans mon cœur !
5 Et toi, Seigneur, tu es bon et tu pardonnes,
ton amour est immense
pour tous ceux qui t'appellent.
6 Seigneur, écoute ma prière,
sois attentif à ma plainte.
7 Quand je suis très malheureux,
je fais appel à toi, et tu me réponds.

8 Seigneur, parmi les dieux, personne n'est comme toi,
aucun dieu ne peut faire ce que tu as fait.

9 Tous les peuples que tu as créés viendront,
ils se mettront à genoux devant toi, Seigneur,
ils rendront *gloire à ton nom.
10 Oui, tu es grand et tu fais des choses étonnantes,
toi seul, tu es Dieu.

11 Seigneur, montre-moi ta volonté,
alors je t'obéirai fidèlement.
Que mon cœur cherche seulement à respecter ton nom !
12 Seigneur mon Dieu, je veux te remercier
de tout mon cœur,
je rendrai gloire à ton nom pour toujours.
13 Oui, ton amour pour moi est grand,
et tu m'as arraché au monde des morts.

14 O Dieu, des orgueilleux se sont levés contre moi,
une bande d'hommes violents veulent me tuer.
Ces gens-là ne s'occupent pas de toi !
15 Mais toi, Seigneur,
tu es un Dieu de tendresse et de pitié,
patient, plein d'amour et de fidélité.
16 Tourne-toi vers moi, aie pitié de moi !
Je suis ton serviteur, donne-moi ta force,
sauve-moi !
17 Donne-moi un signe de ta bonté !
Alors mes ennemis seront couverts de honte.
Ils verront que toi, Seigneur,
tu m'aides et me consoles.

Tous les peuples sont nés à Jérusalem

87 *Psaume du groupe de Coré[l].*
Chant.

Le Seigneur a bâti Jérusalem
sur des montagnes *saintes.
2 Il la préfère à toutes les villes du pays de *Jacob.

l **87.1** *Voir 42.1 et la note.*

3 Il dit de toi des choses glorieuses,
ville de Dieu !

Le Seigneur dit en effet :
4 « Parmi ceux qui me connaissent,
voici les habitants d'Égypte et de Babylone,
de Philistie, de Tyr et d'Éthiopie.
C'est là-bas qu'ils sont nés.
5 Mais de Jérusalem, on doit dire :
Tous les habitants du monde sont nés dans cette ville.
Le Dieu très-haut lui-même l'a bâtie. »

6 Quand le Seigneur compte les peuples,
il écrit sur son livre pour chacun :
« Né à Jérusalem ».

7 O ville de Dieu, les gens dansent en chantant :
« Tu es toute notre joie. »

Je vais bientôt mourir

88 *Chant du groupe de Coré, pris dans le livre du chef de chorale. A chanter avec tristesse. De Hémane, l'Ezrahite*[m].

2 Seigneur Dieu, mon sauveur,
le jour, je t'appelle,
la nuit, je crie vers toi.
3 Que ma prière arrive jusqu'à toi,
tends l'oreille à mon cri !

4 Ma vie est pleine de malheurs,
et je vais bientôt mourir.
5 On me compte parmi ceux
qui ont un pied dans la tombe,
toute ma force est partie.

***m* 88.1** *Coré : voir 42.1 et la note.*
Hémane était l'un des responsables du chant et de la musique dans le Temple de Jérusalem, au temps du roi David.
Voir 1 Chroniques 6.18-22 ; 25.1,4.

6 Ma place est au milieu des morts,
je ressemble à ceux qui sont couchés dans la tombe.
Tu ne te souviens plus d'eux
et tu ne t'en occupes plus !

7 Tu m'as mis au fond du trou,
dans la nuit noire de la mort.
8 Ta *colère pèse sur moi,
et tu m'écrases de toutes tes vagues.
9 A cause de toi, mes amis sont partis,
je les dégoûte.
Je suis enfermé et je ne peux pas sortir.
10 Mes yeux sont abîmés par la souffrance.

Seigneur, chaque jour, je t'appelle,
je lève les mains vers toi.
11 Est-ce que tu vas faire des actions étonnantes
pour les morts ?
Est-ce qu'ils vont se lever pour te dire merci ?
12 Qui parlera de ton amour dans la tombe ?
Qui racontera ta fidélité dans le monde des morts ?
13 Est-ce qu'on connaît tes actions étonnantes
dans la nuit sombre ?
Est-ce qu'on sait que tu es fidèle
dans le monde sans mémoire ?

14 Mais moi, je crie vers toi, Seigneur,
le matin, ma prière est déjà devant toi.
15 Seigneur, tu ne veux plus de moi, pourquoi ?
Tu me caches ton visage, oui, pourquoi ?
16 Depuis mon enfance,
je suis malheureux et sans force,
tu fais peser sur moi la peur,
je suis paralysé.
17 Le feu de ta colère a passé sur moi,
et je suis mort de peur.
18 Tous les jours, ta colère m'entoure comme l'eau,
elle m'entoure de tous côtés.
19 Tu as éloigné de moi mes voisins et mes amis,
la nuit seule est mon amie.

Seigneur, où sont les promesses faites à David ?

89 *Enseignement d'Étane, l'Ezrahite[n].*

2 Je chanterai toujours tes bienfaits, Seigneur,
je ferai connaître ton amour
à toutes les générations qui viennent.
3 Oui, je le dis :
ton amour existe pour toujours,
ta fidélité est fixée solidement dans le *ciel.

4 Tu as dit :
« J'ai fait une *alliance avec David, mon serviteur,
c'est lui que j'ai choisi.
Je lui ai promis ceci :
5 Pour toujours, j'établirai comme roi un enfant de ta famille.
Ainsi, je maintiendrai ton pouvoir de roi
de génération en génération. »

6 Seigneur, dans l'assemblée du ciel,
les *anges te disent merci
pour tes actions magnifiques et ta fidélité.
7 En effet, là-haut, qui est égal au Seigneur ?
Qui peut se comparer à lui parmi les dieux ?
8 Dans l'assemblée des anges,
on tremble de peur devant Dieu.
Il est plus terrible que tous ceux qui l'entourent.

9 Seigneur, Dieu de l'univers,
qui est aussi fort que toi ?
Seigneur, tu es toujours fidèle.
10 C'est toi, le maître de la mer orgueilleuse.
Quand ses vagues se soulèvent,
c'est toi qui les calmes.

n **89.1** *Étane était l'un des responsables du chant et de la musique dans le Temple de Jérusalem, au temps du roi David. Voir 1 Chroniques 15.17-19.*

11 Tu as tué Rahab° et tu l'as écrasé.
Par ta puissance,
tu as chassé tes ennemis de tous côtés.
12 Le ciel est à toi, la terre est à toi !
Le monde entier et tout ce qu'il contient,
c'est toi qui l'as fait.
13 C'est toi qui as créé le nord et le sud.
Les montagnes du Tabor et de l'Hermon applaudissent ton nom.
14 Ton bras est très fort,
ta main est puissante,
ta main droite est levée.
15 Pour gouverner, tu t'appuies
sur la *justice et le respect des lois.
Amour et fidélité marchent devant toi.
16 Il sont heureux,
ceux qui savent crier de joie pour toi, Seigneur !
Ils avancent à la lumière de ton visage.
17 En entendant ton nom, ils dansent de joie tous les jours.
A cause de ta fidélité, ils se mettent debout.
18 Oui, leur force pleine de *gloire, c'est toi.
Grâce à ton amour, nous relevons la tête.
19 Le roi qui nous protège dépend du Seigneur,
il dépend du Dieu *saint d'Israël.

20 Un jour, tu t'es montré à tes amis fidèles.
Tu leur as dit :
« J'ai aidé un homme courageux,
j'ai mis en avant un jeune homme de mon peuple.
21 J'ai trouvé David mon serviteur,
j'ai versé mon huile sainte sur sa tête.
22 Ma main le soutiendra solidement,
et mon bras le rendra fort.

23 L'ennemi ne pourra pas le tromper,
celui qui se révolte contre lui
ne pourra pas l'écraser.
24 Oui, je détruirai ses ennemis sous ses yeux,

o **89.11** *Rahab est un animal étrange qui représente la mer.*

je frapperai ceux qui le détestent.
25 Ma fidélité et mon amour seront avec lui,
et grâce à moi, il sera vainqueur.
26 Je lui donnerai autorité
sur la mer et sur les fleuves.

27 Il me dira:
"Tu es mon Père, tu es mon Dieu,
le solide rocher qui me sauve!"

28 Et moi, je ferai de lui mon fils aîné,
le plus grand des rois de la terre.
29 Je lui garderai pour toujours mon amour,
je respecterai fidèlement mon alliance.
30 Pour toujours, j'établirai comme roi un enfant de sa famille,
et son pouvoir de roi durera aussi longtemps que le ciel.

31 Si ses enfants ne suivent plus ma *loi,
s'ils ne tiennent pas compte de mes décisions,
32 s'ils désobéissent à mes ordres
et ne respectent pas mes commandements,
33 avec un bâton, je punirai les révoltés,
je les frapperai pour leur faute.
34 Pourtant, je ne leur retirerai pas mon amour,
je ne serai pas infidèle à ma promesse.
35 Je ne briserai pas mon alliance,
je tiendrai ce que j'ai promis.
36 Voici le serment que j'ai fait une fois pour toutes:
non, je ne tromperai jamais David!
37 Les enfants de ses enfants seront rois pour toujours,
son pouvoir de roi durera aussi longtemps que le soleil.
38 Il durera aussi longtemps que la lune toujours présente,
*témoin fidèle derrière les nuages.»

39 Pourtant, tu as rejeté le roi que tu avais choisi,
tu l'as méprisé, tu t'es mis en *colère contre lui.
40 Tu as brisé l'alliance avec ton serviteur,
tu as sali sa couronne en la jetant par terre.
41 Tu as cassé toutes ses barrières,
tu as démoli ses murs de défense.

42 Tous les passants du chemin l'ont pillé,
et ses voisins l'ont insulté.
43 Tu as donné la victoire à ses ennemis,
tu as réjoui ses adversaires.
44 Tu as même retourné ses armes contre lui,
tu ne l'as pas soutenu pendant le combat.
45 Tu lui as fait perdre sa gloire,
et tu as jeté par terre son siège de roi.
46 Tu l'as rendu vieux avant l'âge,
tu l'as couvert de honte.

47 Seigneur, est-ce que tu vas toujours te cacher?
Est-ce que tu seras toujours brûlant de colère?
Jusqu'à quand?
48 Souviens-toi: ma vie est courte.
Est-ce que tu as créé les humains pour les faire disparaître?
49 Qui peut vivre sans mourir un jour?
Qui peut échapper au monde des morts?
50 Seigneur, où sont tes bienfaits d'autrefois?
Où sont les promesses que toi, le Dieu fidèle,
tu avais faites à David?
51 Seigneur, souviens-toi de tes serviteurs qu'on insulte,
de tout ce peuple qui m'est confié.
52 Seigneur, tes ennemis ont insulté le roi que tu as choisi,
ils ont craché sur ses pas.

53 Merci au Seigneur pour toujours!
Oui, oui, qu'il en soit ainsi!

QUATRIÈME LIVRE
(Psaumes 90—106)

Le temps d'un soupir, voilà nos années finies!

90 *Prière de Moïse, l'homme de Dieu.*

Seigneur, de génération en génération,
tu as été notre abri.
2 Avant que naissent les montagnes,

avant que tu crées la terre et le monde,
depuis toujours et pour toujours, tu es Dieu !

3 C'est toi qui dis aux humains :
« Soyez ce que vous étiez avant. »
Alors ils meurent et redeviennent poussière.
4 Pour toi, mille années passent aussi vite
que la journée d'hier,
ou quelques heures de la nuit.
5 Tu emportes la vie humaine :
elle dure le temps d'un court sommeil.
Elle ressemble à l'herbe qui pousse.
6 Le matin, elle fleurit, elle grandit,
le soir, elle se fane, elle est sèche !

7 Oui, ta *colère nous fait mourir,
nous tremblons de peur à cause de ta grande colère.
8 Tu regardes nos fautes,
et la lumière de ton visage éclaire
ce que nous cachons.
9 Oui, à cause de ta colère,
notre vie dure peu de temps.
Le temps d'un soupir, voilà nos années finies !
10 La durée de notre vie ? Soixante-dix ans,
quatre-vingts pour les plus forts.
Une longue vie apporte seulement
fatigue et souffrance.
Les années passent vite, et nous nous envolons.
11 Qui connaît la force de ta colère ?
Elle est aussi grande que notre respect pour toi.
12 Notre vie est courte, fais-nous comprendre cela.
Alors notre cœur sera rempli de sagesse.

13 Ta colère va durer jusqu'à quand, Seigneur ?
Reviens, aie pitié de tes serviteurs !
14 Dès le matin, remplis-nous de ton amour,
et nous chanterons, nous crierons de joie
toute notre vie.
15 Pendant des années, tu nous as punis,
et nous avons connu des années de malheur.

Maintenant, change-les en années de bonheur!
16 Que nous puissions voir tes belles actions,
que nos enfants découvrent ta beauté!
17 Seigneur notre Dieu, répands sur nous ta douceur!
Rends solide le travail de nos mains,
oui, rends solide le travail de nos mains.

Près du Seigneur, aucun mal ne peut te toucher

91 Celui qui se met à l'abri près du Dieu très-haut
se repose à l'ombre du Tout-Puissant.
2 Il dit au Seigneur:
« Tu es mon abri, tu me protèges avec puissance,
tu es mon Dieu, j'ai confiance en toi. »

3 Oui, c'est Dieu qui te délivre des pièges du chasseur,
il te guérit de la peste qui tue.
4 Il te couvre de ses ailes,
et tu te réfugies près de lui,
comme un poussin sous les ailes de sa mère.
Oui, sa fidélité te protège comme un *bouclier.
5 Alors tu n'auras peur de rien:
ni des dangers de la nuit,
ni des flèches lancées en plein jour,
6 ni de la peste qui avance dans l'obscurité,
ni du malheur qui frappe en pleine lumière.

7 Même si mille personnes tombent près de toi,
et si dix mille meurent à côté de toi,
rien ne t'arrivera!
8 Ouvre seulement les yeux,
et tu verras comment sont punis les gens mauvais.
9 Oui, Seigneur, tu es pour moi un protecteur.
Si tu as choisi le Dieu très-haut comme abri,
10 aucun mal ne peut te toucher,
aucun malheur ne peut approcher de ta maison.
11 Le Seigneur donnera l'ordre à ses *anges
de te protéger partout où tu iras.
12 Ils te porteront dans leurs bras,
pour que tes pieds ne heurtent pas les pierres.

13 Tu marcheras sans danger sur le lion et la vipère,
tu écraseras le tigre et les serpents.

14 Dieu dit : « Puisqu'il s'attache à moi, je vais le libérer,
je vais le protéger, car il connaît mon nom.
15 S'il fait appel à moi, je lui répondrai,
je serai avec lui dans le malheur.
Je veux le délivrer et je veux l'honorer.
16 Je lui donnerai une vie longue et belle,
et je lui montrerai que je suis son sauveur. »

Quel bonheur de chanter pour le Seigneur !

92 *Psaume pour le jour du sabbat*[p]*.*
Chant.

2 Quel bonheur de remercier le Seigneur,
de chanter pour toi, Dieu très-haut !
3 Quel bonheur d'annoncer dès le matin ton amour
et ta fidélité pendant la nuit,
4 sur la *lyre à dix cordes et la *harpe,
au son de la *cithare.

5 Tes actions me réjouissent, Seigneur,
je crie de joie devant le travail de tes mains.
6 Seigneur, tes actions sont vraiment grandes !
Comme elles sont profondes, tes pensées !
7 Celui qui est stupide ne sait pas cela,
l'homme qui manque de sagesse n'y comprend rien.
8 Les gens mauvais poussent comme l'herbe,
ceux qui font du mal se portent bien,
mais ils seront complètement détruits.
9 Seigneur, toi, tu es grand pour toujours !
10 Tes ennemis, Seigneur,
oui, tes ennemis mourront,
tous ceux qui font du mal partiront de tous côtés.

p **92.1** *Le sabbat est le septième jour de la semaine juive, c'est-à-dire le samedi. Pour les Juifs, c'est un jour réservé à Dieu, et il ne faut pas travailler ce jour-là.*

11 Tu me donnes la force du buffle,
tu verses sur moi une huile parfumée.
12 Je vois la défaite de mes ennemis,
j'entends les gens mauvais qui m'attaquent.
13 Celui qui obéit à Dieu grandit comme un palmier,
il se développe comme un *cèdre du Liban.
14 Il est planté dans la maison du Seigneur,
et il pousse dans les cours de notre Dieu.
15 Quand il devient vieux, il porte encore des fruits,
Il reste plein de sève et ses feuilles sont toujours vertes.
16 Il montre ainsi que le Seigneur est *juste :
« Il est mon solide rocher.
En lui, rien n'est faux. »

Le Seigneur est roi

93 Le Seigneur est roi, il est vêtu de grandeur.
Sa puissance l'enveloppe comme un vêtement magnifique.
Oui, le monde est solide, il ne risque pas de tomber.

2 Seigneur, ton pouvoir de roi est établi depuis toujours,
et toi, depuis toujours, tu es.
3 Autrefois les fleuves ont crié,
les fleuves ont crié de colère,
et ils crient, ils crient encore.
4 Mais tu es plus puissant que le bruit des eaux immenses,
plus puissant que les vagues de la mer !
Seigneur, là-haut, tu es magnifique !

5 Tes commandements sont vraiment sûrs.
Seigneur, ton Temple doit être une maison *sainte
jusqu'à la fin du monde.

Seigneur, punis les orgueilleux comme ils le méritent !

94 Seigneur, Dieu qui venges,
ô Dieu qui venges, montre-toi !
2 Toi qui juges le monde, lève-toi,
punis les orgueilleux comme ils le méritent !

3 Seigneur, les gens mauvais sont fous de joie,
mais jusqu'à quand ?
Oui, jusqu'à quand ?
4 Ils font des discours, ils parlent avec mépris,
ils se vantent,
tous ces gens qui font du mal.
5 Seigneur, ils font souffrir ton peuple,
ils écrasent ceux qui t'appartiennent.
6 Ils tuent la veuve et l'étranger,
ils assassinent les orphelins.
7 Ensuite, ils disent :
« Le Seigneur ne voit rien,
le Dieu de *Jacob n'y fait pas attention. »

8 Vous qui êtes stupides, réfléchissez !
Vous qui manquez de sagesse,
quand comprendrez-vous ?
9 Le Seigneur qui a planté les oreilles,
est-ce qu'il n'entend pas ?
Lui qui a fait les yeux,
est-ce qu'il ne voit pas ?
10 Lui qui a corrigé les autres peuples,
est-ce qu'il ne punit pas ?
Le Seigneur qui donne aux humains la connaissance,
11 connaît les pensées de tous.
Il sait qu'elles ne valent rien.

12 Seigneur, il est heureux, celui que tu corriges
et que tu formes par ta *loi.
13 Il peut rester en paix au moment du malheur
et attendre qu'on creuse une tombe
pour les gens mauvais.
14 Non, le Seigneur ne laisse pas son peuple,
il n'abandonne pas ceux qui lui appartiennent.
15 On rendra de nouveau des jugements *justes,
et tous ceux qui ont le cœur *pur
les respecteront.

16 Qui va se lever pour me défendre
contre les gens mauvais ?

Qui va prendre mon parti
contre ceux qui font du mal ?
17 Si le Seigneur ne m'avait pas aidé,
j'étais bientôt dans le monde du silence.
18 Quand je dis : « Je vais tomber »,
ton amour, Seigneur, me soutient.
19 Quand j'ai la tête pleine de soucis,
tu m'encourages, et mon cœur est tout joyeux.
20 Des juges criminels inventent des jugements qui vont contre les lois.
Est-ce que tu serais d'accord avec eux ?
21 Ils se mettent ensemble contre les gens honnêtes
et ils condamnent les innocents !
22 Mais le Seigneur me protège avec puissance.
Mon Dieu est le solide rocher où je m'abrite.
23 Il fera retomber sur eux leur crime,
il se servira de leur méchanceté pour les détruire,
le Seigneur notre Dieu les détruira.

Venez, crions de joie pour le Seigneur !

95 Venez, crions de joie pour le Seigneur,
saluons joyeusement notre solide Rocher, notre sauveur !
2 Approchons-nous de lui pour le remercier,
chantons pour lui avec nos *instruments.
3 Oui, le Seigneur est le grand Dieu,
le grand roi qui dépasse tous les dieux.
4 Il tient dans sa main ce qui est sous la terre,
et les sommets des montagnes sont à lui.
5 La mer est à lui : c'est lui qui l'a faite,
la terre est à lui : ses mains l'ont formée.

6 Entrez, courbons-nous, inclinons-nous,
mettons-nous à genoux devant le Seigneur
qui nous a faits.
7 Oui, il est notre Dieu.
Nous sommes son peuple et le troupeau qu'il conduit,
il est notre berger.

Aujourd'hui, écoutez ce qu'il dit :
8 « Ne fermez pas votre cœur

comme vos ancêtres à Mériba,
comme à Massa, dans le désert.
9 A ce moment-là, ils m'ont provoqué.
Ils avaient vu ce que j'avais fait,
et pourtant, ils m'ont demandé des preuves.
10 Pendant quarante ans,
cette génération m'a dégoûté,
et j'ai dit : "Ce peuple est devenu fou !
Ces gens-là ne comprennent pas ce que je veux."
11 Alors dans ma *colère, j'ai fait ce serment :
"Ils n'entreront pas dans le pays
où je leur ai préparé le repos." »

Seigneur, tu es bien au-dessus de tous les dieux

96 Chantez au Seigneur un chant nouveau,
chantez pour le Seigneur, tous les habitants du monde !
2 Chantez pour le Seigneur,
remerciez-le d'être votre Dieu !
Jour après jour, annoncez :
Dieu nous sauve !
3 Racontez sa *gloire à tous les peuples,
ses actions magnifiques dans le monde entier.

4 Oui, le Seigneur est grand,
il mérite des louanges,
il est plus terrible que tous les dieux.
5 Les dieux des autres peuples ne valent rien,
mais le Seigneur a fait le *ciel.
6 Son visage brille de lumière et de gloire,
sa puissance et sa beauté remplissent son Temple.

7 Peuples de la terre,
reconnaissez la gloire et la puissance du Seigneur,
8 reconnaissez la gloire de son nom !
Apportez vos offrandes,
entrez dans les cours de son Temple.
9 Le Seigneur est *saint !
Quand il paraît, mettez-vous à genoux devant lui.

Tremblez devant lui, tous les habitants du monde !
10 Dites à tous les peuples : « Le Seigneur est roi.
Oui, le monde est solide,
il ne risque pas de tomber.
Le Seigneur ne fait pas de différence
entre les peuples. »

11 Que le ciel se réjouisse,
que la terre danse de joie,
que la mer rugisse avec toutes ses richesses !
12 Que les champs soient en fête
avec tout ce qui s'y trouve !
Que tous les arbres de la forêt crient de joie
13 devant le Seigneur, car il vient !
Oui, il vient pour juger la terre.
Il jugera le monde avec *justice,
il jugera les peuples selon la vérité.

Le Seigneur est roi

97 Le Seigneur est roi !
Que la terre danse de joie,
que les pays lointains se réjouissent !

2 Un sombre nuage l'entoure.
Pour gouverner, il s'appuie sur la *justice
et le respect des lois.
3 Un feu avance devant lui,
il brûle ses ennemis de tous côtés.
4 Ses éclairs illuminent le monde,
la terre les voit et elle tremble.
5 Les montagnes fondent comme la cire
devant le Seigneur,
devant le Seigneur de toute la terre.
6 Le *ciel annonce que Dieu est *juste,
et tous les peuples voient sa *gloire.

7 Ceux qui honorent des statues,
qui sont fiers de leurs faux dieux,
qu'ils soient couverts de honte !

Que tous les dieux se mettent à genoux
devant le Seigneur!
8 Jérusalem apprend cela, elle est heureuse.
Les villes de Juda dansent de joie
à cause de tes décisions, Seigneur.
9 Oui, Seigneur, tu es le Très-Haut
sur toute la terre,
tu es bien au-dessus de tous les dieux!

10 Détestez le mal, vous qui aimez le Seigneur.
Il protège la vie de ses amis fidèles,
il les délivre des gens mauvais.
11 Une lumière se lève pour celui qui obéit à Dieu,
il y a de la joie pour les cœurs *purs.
12 Vous qui obéissez au Seigneur,
réjouissez-vous à cause de lui!
Chantez ses louanges
en rappelant son nom très *saint!

Le Seigneur jugera le monde avec justice

98 *Psaume.*

Chantez au Seigneur un chant nouveau,
car il a fait des choses magnifiques.
Par sa force et sa puissance *sainte,
il a remporté la victoire.

2 A tous les peuples,
le Seigneur a montré qu'il nous sauvait,
il a fait connaître sa *justice.
3 Il s'est souvenu de son amour et de sa fidélité
pour le peuple d'Israël.
Jusqu'au bout du monde, tous ont pu voir
que Dieu nous a sauvés.

4 Criez de joie pour le Seigneur,
tous les habitants du monde,
poussez des cris de joie et chantez!
5 Jouez pour le Seigneur sur la *harpe,

sur la harpe, au son des *instruments !
6 Sonnez de la trompette et du *cor,
criez de joie devant le Seigneur notre Roi !
7 Que la mer rugisse avec tout ce qu'elle contient,
que le monde rugisse avec ses habitants !
8 Que les fleuves battent des mains,
que les montagnes crient de joie
9 devant le Seigneur, car il vient !
Oui, il vient pour juger la terre.
Il jugera le monde avec justice,
sans faire de différence entre les peuples.

Oui, il est saint, le Seigneur notre Dieu

99 Le Seigneur est roi,
les peuples tremblent.
Son siège est au-dessus des *chérubins,
la terre est secouée.
2 A Jérusalem, le Seigneur est grand.
— Oui, il se tient au-dessus de tous les peuples.
3 Qu'ils te remercient, Dieu grand et terrible !
— Oui, tu es *saint !
4 La force d'un roi,
c'est d'aimer ce qui est *juste.
Toi, tu ne fais pas de différence entre les gens.
C'est toi qui établis la *justice en Israël,
tu exiges qu'on respecte les lois.

5 Reconnaissez la grandeur du Seigneur notre Dieu,
mettez-vous à genoux au pied de son siège de roi.
— Oui, le Seigneur est saint !

6 Moïse et *Aaron étaient parmi ses prêtres,
Samuel aussi le priait.
Ils ont fait appel au Seigneur,
et il a répondu.
7 Dieu a parlé dans le nuage de fumée
dressé comme une colonne.
Ils ont respecté ses commandements
et la *loi qu'il leur a donnée.

8 Seigneur notre Dieu, toi, tu leur répondais.
Tu as été pour eux un Dieu patient,
mais tu les as punis à cause de leurs fautes.

9 Reconnaissez la grandeur du Seigneur notre Dieu,
mettez-vous à genoux devant sa sainte montagne !
— Oui, il est saint, le Seigneur notre Dieu !

Servons le Seigneur dans la joie !

100 *Psaume pour un *sacrifice de remerciement.*

Tous les habitants du monde,
criez de joie pour le Seigneur !
2 Servez le Seigneur joyeusement,
approchez-vous de lui dans la joie.

3 Reconnaissez que le Seigneur est Dieu.
C'est lui qui nous a faits et nous sommes à lui.
Il est notre berger,
nous sommes son peuple, son troupeau.

4 Entrez dans son Temple en lui disant merci,
allez dans les cours du Temple en chantant ses louanges !
Remerciez-le et rendez *gloire à son nom.

5 Oui, le Seigneur est bon.
Son amour est pour toujours,
et de génération en génération, il reste fidèle.

Le roi juste

101 *Psaume de David.*

Je veux chanter ton amour et ta *justice,
pour toi, Seigneur, je veux jouer.

2 Je désire me conduire parfaitement.
Quand viendras-tu vers moi ?
Dans ma maison, je mènerai une vie *pure.

3 Je ne regarderai pas les actions malhonnêtes.
Je déteste la conduite
de ceux qui ne sont pas fidèles,
elle ne m'intéresse pas.
4 Je ne vais pas avec celui qui est faux.
L'homme mauvais, je ne veux pas le connaître.
5 Celui qui se cache pour dire du mal des autres,
je le ferai taire.
Celui qui regarde les autres avec mépris,
qui a le cœur rempli d'orgueil,
je ne le supporte pas.

6 Dans le pays, je choisis les gens sûrs,
pour qu'ils gouvernent avec moi.
Celui qui se conduit parfaitement,
cet homme-là sera mon ministre.

7 Celui qui trompe les autres facilement,
il n'habitera pas dans ma maison.
Le menteur, je ne veux pas le voir.

8 Chaque matin, je ferai taire
tous les gens mauvais du pays.
Ainsi, je chasserai de la ville du Seigneur
tous ceux qui font du mal.

A force de pleurer, je n'ai plus que la peau et les os

102

Prière d'un malheureux qui n'a plus de force. Il présente sa plainte au Seigneur.

2 Seigneur, entends ma prière,
que mon cri arrive jusqu'à toi !
3 Ne me cache pas ton visage
quand je suis dans le malheur.
Écoute-moi avec attention !
Le jour où j'appelle, vite, réponds-moi !
4 Oui, ma vie s'en va comme la fumée,
mes os brûlent comme un grand feu.

5 Mon cœur blessé devient comme l'herbe sèche,
j'oublie même de manger ma nourriture.
6 A force de pleurer,
je n'ai plus que la peau et les os.
7 Je ressemble à l'oiseau du désert,
je suis comme la chouette dans les maisons abandonnées.
8 Je ne dors pas
et je suis comme un oiseau tout seul sur un toit.
9 Tous les jours, mes ennemis m'insultent.
Ils sont en colère contre moi
et ils se servent de mon nom
pour lancer des malédictions.
10 Comme nourriture, je mange de la poussière,
et quand je bois, j'avale mes larmes.
11 Seigneur, tu étais furieux contre moi,
alors, dans ta *colère, tu m'as saisi et rejeté.
12 Ma vie passe comme l'ombre du soir,
et je deviens comme l'herbe sèche.

13 Mais toi, Seigneur, tu es roi pour toujours,
et toutes les générations se souviendront de toi.
14 Toi, tu feras quelque chose,
car tu aimes Jérusalem.
C'est le moment d'avoir pitié d'elle,
oui, c'est vraiment le moment.
15 Ceux qui te servent aiment ses pierres,
ils ont même pitié de sa poussière !

16 Les autres peuples respecteront le Seigneur,
et tous les rois de la terre respecteront ta *gloire.
17 Quand le Seigneur reconstruira Jérusalem,
il se montrera dans sa gloire.
18 Il écoutera la prière de ceux qu'on a pillés,
il ne repoussera pas leur demande.
19 Qu'on écrive cela pour les générations qui viennent,
et qu'un peuple nouveau chante les louanges du Seigneur !
20 Du haut de son *lieu saint,
le Seigneur se penche pour regarder,
du *ciel, il regarde la terre.
21 Il entend la plainte du prisonnier,

il libère ceux qui sont en danger de mort.
22 On chantera le nom du Seigneur dans *Sion,
on dira ses louanges dans Jérusalem.
23 Là, tous les peuples et tous les royaumes
se mettront ensemble pour servir le Seigneur.

24 Au milieu de mon chemin,
le Seigneur a enlevé mes forces,
il a diminué ma vie.
25 Alors je dis :
« Mon Dieu, toi, tu vis pour toujours,
ne me fais pas mourir si vite ! »
26 Autrefois, tu as fait la terre,
et tes mains ont formé le ciel.
27 Tout cela disparaîtra,
mais toi, tu restes toujours là.
La terre et le ciel s'useront comme un habit,
tu les changeras comme un vêtement,
et ils laisseront la place.
28 Mais toi, tu restes le même,
et ta vie ne finit pas.
29 Les enfants de tes serviteurs vivront encore,
et les enfants de leurs enfants resteront sous ton regard.

L'amour du Seigneur est immense

103

De David.

Je veux remercier le Seigneur,
je veux remercier le Dieu *saint de tout mon cœur !
2 Oui, je veux dire merci au Seigneur,
sans oublier un seul de ses bienfaits.

3 C'est lui qui pardonne toutes mes fautes
et guérit toutes mes maladies.
4 Il arrache ma vie à la tombe,
il me couvre d'amour et de tendresse.
5 Il remplit de bienfaits mes vieux jours.
Il me donne une nouvelle jeunesse,
et j'ai la force de l'aigle qui s'envole.

6 Le Seigneur rend des jugements *justes,
il fait *justice aux gens sans défense.
7 Il a découvert ses projets à Moïse
et ses grandes actions au peuple d'Israël.
8 Le Seigneur est rempli de tendresse et de pitié,
il est patient et plein d'amour.
9 Il ne fait pas sans arrêt des reproches,
sa *colère ne dure pas toujours.
10 Il ne tient pas compte de nos péchés,
il ne nous punit pas comme nous le méritons.

11 Son amour pour ceux qui le respectent est immense,
immense comme le *ciel au-dessus de la terre.
12 Comme le soleil levant est loin du soleil couchant,
il met nos fautes très loin de nous.
13 Comme un père aime ses enfants,
le Seigneur aime avec tendresse
ceux qui le respectent.
14 Il sait bien de quoi nous sommes faits,
d'un peu de poussière, il s'en souvient.

15 La vie humaine est comme l'herbe,
elle ressemble à la fleur des champs.
Elle commence à fleurir,
16 puis, sous le souffle du vent, elle disparaît,
on ne sait même plus où elle était.
17 Mais l'amour du Seigneur dure depuis toujours
et durera toujours
pour ceux qui le respectent.
Il reste sans cesse fidèle
pour les enfants de leurs enfants,
18 pour ceux qui gardent son *alliance
et pensent à faire ce qu'il commande.

19 Le Seigneur a son siège dans le ciel,
son pouvoir de roi s'étend sur le monde entier.
20 Remerciez le Seigneur, vous, ses *anges puissants !
Vous accomplissez ses ordres,
et vous obéissez dès que vous entendez sa voix.
21 Remerciez le Seigneur,

vous, l'armée de ses serviteurs,
qui faites ce qu'il désire.
22 Vous tous qu'il a créés,
remerciez le Seigneur, partout où il est roi !

Et moi, à mon tour, je dirai merci au Seigneur.

Que le Seigneur se réjouisse de ce qu'il a fait !

104 Je veux remercier le Seigneur !

Seigneur mon Dieu, tu es très grand,
tu es couvert de beauté et de *gloire.
2 La lumière t'enveloppe comme un vêtement,
tu étends le *ciel comme une tente.
3 Tu construis ta haute maison
bien plus haut que le ciel.
Tu prends pour char les nuages,
tu avances sur les ailes du vent.
4 Tu te sers des vents comme messagers,
et des éclairs comme serviteurs.

5 Tu as fixé la terre solidement,
maintenant, elle ne tremblera plus jamais.
6 Tu l'as couverte de la mer comme d'un vêtement,
l'eau est montée au sommet des montagnes.
7 Tu l'as menacée, elle s'est échappée.
En entendant ton tonnerre, l'eau s'est enfuie.
8 Elle est montée sur les montagnes,
elle est descendue dans les vallées,
à l'endroit que tu lui as fixé.
9 Tu as placé une limite qu'elle ne doit pas dépasser.
L'eau ne reviendra plus couvrir la terre.

10 Tu envoies l'eau des sources dans les ravins,
elle coule entre les montagnes.
11 Toutes les bêtes des champs la boivent,
les ânes sauvages calment leur soif.
12 Les oiseaux ont leurs nids près de l'eau
et chantent dans les arbres.

13 Du haut du ciel,
tu arroses les montagnes
et tu remplis la terre de tes bienfaits.
14 Tu fais pousser l'herbe pour les troupeaux,
tu fais grandir les plantes pour les humains.
Ils les cultivent pour tirer de la terre
leur nourriture :
15 le vin réjouit leur cœur,
il fait briller leur visage plus que l'huile,
et le pain leur rend courage.

16 Les arbres du Seigneur,
les *cèdres du Liban qu'il a plantés,
sont bien nourris.
17 Les oiseaux font leurs nids dans leurs branches,
la cigogne a sa maison dans les cyprès.
18 Les hautes montagnes appartiennent aux chèvres sauvages,
les rochers servent d'abri aux damans[q].

19 Le Seigneur a fait la lune pour marquer le temps,
et le soleil qui connaît l'heure de son coucher.
20 Tu envoies l'obscurité, et voici la nuit,
le moment où se promènent les animaux de la forêt.
21 Les jeunes lions rugissent,
cherchant un animal à dévorer,
ils demandent à Dieu leur nourriture.
22 Puis le soleil se lève.
Ils partent et vont se coucher dans leur abri.
23 Les gens sortent de leur maison
pour aller au travail
et se fatiguer jusqu'au soir.

24 Tu as fait beaucoup de choses, Seigneur,
tu les as toutes faites avec sagesse.
La terre est remplie de ce que tu as créé.
25 Voici la mer : elle est immense

q **104.17-18** *La cigogne est un grand oiseau qui ressemble à l'autruche.*
Le cyprès est un arbre qui reste vert toute l'année.
Le daman est un petit animal qui ressemble au lapin.

et s'étend partout.
Les animaux, petits et grands, remuent en elle.
Qui peut les compter ?
26 Là, des bateaux vont et viennent
avec Léviatan[r] que tu as formé
pour jouer avec lui.

27 Tous comptent sur toi
pour avoir à manger au bon moment.
28 Tu leur donnes la nourriture,
ils la prennent,
tu ouvres la main, ils mangent à leur faim.
29 Tu caches ton visage, ils ont très peur.
Tu leur enlèves le souffle de la vie,
ils meurent et redeviennent poussière.
30 Tu leur rends ton souffle,
ils sont recréés,
et tout devient nouveau sur le sol.

31 Que la gloire du Seigneur dure toujours,
que le Seigneur se réjouisse de ce qu'il a fait !
32 Il regarde la terre et elle tremble.
Il touche les montagnes,
elles sont couvertes de fumée.

33 Toute ma vie, je veux chanter pour le Seigneur,
je veux jouer pour mon Dieu,
tant que je vivrai.
34 Que mes paroles plaisent au Seigneur !
Moi, je suis dans la joie à cause de lui.
35 Ceux qui font du mal,
qu'ils disparaissent de la terre !
Que les gens mauvais n'existent plus !

Oui, je veux remercier le Seigneur.
Chantez les louanges du Seigneur !

r **104.26** *Voir 74.14 et la note.*

Racontez les exploits du Seigneur

105 Dites merci au Seigneur,
chantez son nom,
racontez ses exploits aux autres peuples[s].
2 Chantez pour lui, jouez pour lui,
redites toutes ses actions étonnantes !
3 Soyez fiers de lui, le Dieu *saint,
soyez dans la joie, vous qui cherchez le Seigneur !
4 Cherchez le Seigneur et son aide puissante,
cherchez sans cesse sa présence.
5-6 Vous, les enfants d'Abraham, son serviteur,
vous, les fils de *Jacob que le Seigneur a choisis,
souvenez-vous des actions étonnantes
qu'il a faites.
Rappelez-vous ses exploits
et les décisions qu'il a annoncées.

7 Notre Dieu, c'est lui, le Seigneur,
qui gouverne toute la terre.
8 Il s'est toujours souvenu de son *alliance,
de la parole donnée pour mille générations.
9 C'est l'alliance faite avec Abraham,
c'est le serment fait à Isaac.
10 De cette alliance, il a fait une *loi pour Jacob,
une alliance sans fin pour Israël,
11 quand il a dit :
« Je te donnerai le pays de Canaan,
ce sera votre part. »

12 Nos ancêtres étaient peu nombreux,
on pouvait les compter,
c'étaient quelques étrangers dans le pays.
13 Ils allaient de pays en pays,
et de royaume en royaume.
14 Pourtant le Seigneur n'a laissé personne les écraser,

s **105.1-15** *Voir 1 Chroniques 16.8-22.*

à cause d'eux, il a puni des rois.
15 Il a dit : « Ne touchez pas à ceux que j'ai choisis[t],
ne faites pas de mal à mes *prophètes ! »

16 Il a fait venir la famine dans le pays,
il n'y avait plus de nourriture.
17 Il a envoyé un homme devant nos ancêtres,
c'était Joseph, qu'on a vendu comme esclave.
18 On lui a attaché les pieds avec des chaînes,
on lui a mis un collier de fer autour du cou.
19 Cela a duré un certain temps.
Un jour, ce que Joseph avait annoncé
est arrivé,
et ainsi, le Seigneur a montré
qu'il était innocent[u].
20 Le roi d'Égypte a donné l'ordre
de lui enlever ses chaînes,
le maître des peuples l'a fait libérer.
21 Il l'a nommé chef de sa maison
et gérant de toutes ses richesses.
22 Joseph a dû enseigner les ministres
comme il le voulait,
et apprendre la sagesse aux vieux conseillers[v].

23 Ensuite, Jacob est venu en Égypte,
Israël a été un étranger au pays de Cham[w].

24 Dieu a donné beaucoup d'enfants à son peuple,
il a rendu les *Israélites plus forts que leurs ennemis.
25 Il a changé le cœur des Égyptiens,
ils se sont mis à détester son peuple
et à comploter contre ses serviteurs[x].
26 Dieu a envoyé Moïse son serviteur

t **105.15** *Il s'agit des ancêtres et de certains chefs du peuple d'Israël.*

u **105.16-19** *Voir Genèse 37.27-28 ; 39.20 ; 40.12-13 ; 41.13-54.*

v **105.20-22** *Voir Genèse 41.14, 39-41.*

w **105.23** *Cham : voir 78.51 et la note.*

x **105.23-25** *Voir Genèse 46.6-7 ; 47.11.*

24

et *Aaron qu'il avait choisi[y].
27 Chez les Égyptiens,
ils ont fait des actions étonnantes de la part de Dieu,
ils ont fait des choses extraordinaires
dans le pays de Cham.
28 Dieu a envoyé l'obscurité, tout était dans la nuit,
et personne ne s'est opposé à sa parole.
29 Il a changé l'eau en sang,
il a fait mourir les poissons.
30 Les grenouilles ont envahi leur pays,
jusque dans les chambres de la maison du roi.
31 Dieu a donné un ordre.
Alors les mouches piquantes et les moustiques
sont arrivés dans toute l'Égypte.
32 A la place de la pluie,
il a envoyé la grêle[z],
et la foudre a mis le feu dans le pays.
33 Il a détruit leurs *vignes et leurs *figuiers,
il a cassé les arbres d'Égypte.
34 Dieu a donné un ordre :
des nuages de sauterelles et de criquets sont arrivés.
35 Ils ont mangé toutes les plantes,
tout ce qui pousse sur le sol.
36 Ensuite, dans les familles d'Égypte,
Dieu a fait mourir tous les fils aînés,
les premiers fruits de la puissance de leur père[a].
37 Puis il a fait sortir nos ancêtres
chargés d'argent et d'or.
Dans leurs tribus, personne n'est resté en arrière.
38 Les Égyptiens étaient contents de leur départ,
parce qu'ils tremblaient de peur.

39 Dieu a étendu un nuage de fumée
pour protéger nos ancêtres,
et la nuit, un feu les éclairait.

***y* 105.26** *Voir Exode 3.1—4.17.*
***z* 105.32** *Grêle : voir 18.13 et la note.*
***a* 105.27-36** *Voir Exode 7.8—11.10.*

40 Ils ont demandé à manger.
Alors il a fait venir des oiseaux,
il les a nourris avec le pain du *ciel.
41 Il a fendu le rocher et l'eau a coulé,
elle a coulé dans le désert comme un fleuve[b].

42 Oui, Dieu s'est souvenu de sa promesse sainte
à Abraham son serviteur.
43 C'est dans la joie
qu'il a fait sortir son peuple d'Égypte,
ceux qu'il avait choisis criaient de joie.
44 Dieu leur a donné les terres des autres peuples
et nos ancêtres ont profité de leur travail,
45 pour suivre ses enseignements et obéir à ses lois.
Chantez les louanges du Seigneur !

Le Seigneur est fidèle malgré tout

106 Chantez les louanges du Seigneur !

Dites merci au Seigneur,
car il est bon,
et son amour est pour toujours !
2 Qui peut dire les exploits du Seigneur
et faire entendre partout ses louanges ?

3 Ils sont heureux,
ceux qui respectent les lois
et font toujours ce qui est *juste.

4 Souviens-toi de nous, Seigneur,
toi qui es bon pour ton peuple.
Fais quelque chose pour nous, toi notre sauveur !
5 Ainsi, nous pourrons voir le bonheur de ceux que tu as choisis.
Nous nous réjouirons de la joie de ton peuple,
nous partagerons la fierté
de ceux qui t'appartiennent.

b **105.40-41** *Voir Exode 16.1 — 17.7.*

6 Nous avons péché comme nos ancêtres,
nous avons fait le mal, nous sommes coupables.

7 En Égypte, nos ancêtres n'ont rien compris
à tes actions magnifiques.
Ils ont oublié tes nombreux bienfaits,
ils se sont révoltés
près de la mer des Roseaux[c].
8 Mais le Seigneur les a délivrés
pour la *gloire de son nom,
pour montrer sa puissance.
9 La mer des Roseaux, il l'a menacée et elle a séché,
il a fait marcher nos ancêtres au fond de la mer,
comme à travers le désert.
10 De ceux qui les détestaient, il les a sauvés,
de la main des ennemis, il les a libérés.
11 L'eau a recouvert leurs adversaires,
pas un seul n'est resté.
12 Ainsi, ils ont cru ce que Dieu avait dit
et ils ont chanté ses louanges[d].

13 Nos ancêtres ont vite oublié ce que Dieu avait fait,
ils n'ont pas attendu qu'il réalise son projet.
14 Dans le désert, ils avaient envie
de ce qui leur manquait,
ils ont provoqué Dieu dans ces endroits secs.
15 Dieu leur a donné ce qu'ils demandaient,
il les a nourris plus qu'ils ne voulaient.
16 Dans le camp, ils ont été jaloux de Moïse
et *d'Aaron, l'homme *saint du Seigneur.
17 Alors la terre s'est ouverte,
elle a avalé Datane,
elle a recouvert la bande d'Abiram.
18 Un feu a brûlé cette bande,
une flamme a dévoré ces gens mauvais[e].

c **106.7** *Voir Exode 14.10-12.*

d **106.9-12** *Voir Exode 14.21-31 ; 15.1-21.*

e **106.16-18** *Voir Nombres 16.1-35.*

19 Sur le mont Horeb, ils ont fabriqué un veau,
ils ont adoré un morceau de métal.
20 Ils ont remplacé Dieu, lui qui était leur gloire,
par la statue d'un bœuf,
d'un bœuf qui mange de l'herbe!
21 Ils ont oublié Dieu qui les avait sauvés:
il avait fait de grandes choses en Égypte,
22 des actions étonnantes dans le pays de Cham[f],
des actes terribles dans la mer des Roseaux.
23 Et Dieu a décidé de les supprimer.
Mais Moïse, l'homme qu'il avait choisi,
s'est placé devant Dieu pour l'empêcher
de les détruire, dans sa *colère[g].

24 Ensuite, ils ont méprisé le pays merveilleux,
ils n'ont pas cru à la promesse de Dieu.
25 Ils ont critiqué sous leurs tentes,
ils n'écoutaient plus le Seigneur.
26 Alors, en levant la main, Dieu a fait le serment
de les faire mourir dans le désert.
27 Il a juré aussi de chasser leurs enfants de tous côtés,
de les laisser mourir
chez ceux qui ne le connaissaient pas.

28 A Péor, ils se sont attachés au dieu Baal,
ils ont mangé des animaux offerts aux morts.
29 En faisant cela, ils ont mis le Seigneur en colère,
et un grand malheur est tombé sur eux.
30 Mais Pinhas s'est levé pour régler l'affaire,
et le grand malheur s'est arrêté[h].
31 Le Seigneur l'a reconnu comme juste pour toujours,
de génération en génération.

32 Ils ont mis le Seigneur en colère
près de l'eau de Mériba,

f **106.22** *Cham : voir 78.51 et la note.*

g **106.19-23** *Voir Exode 32.1-14.*

h **106.28-30** *Voir Nombres 25.1-13.*

et ils ont fait le malheur de Moïse.
33 Ils l'ont mis hors de lui,
Moïse a parlé sans réfléchir[i].

34 Le Seigneur leur avait commandé
de tuer les habitants de Canaan,
ils ne l'ont pas fait.
35 Ils sont allés avec ceux
qui ne connaissaient pas Dieu,
ils ont appris leurs coutumes.
36 Ils ont adoré leurs faux dieux.
Pour eux, ces dieux sont devenus des pièges.
37 Ils leur ont offert en *sacrifice
leurs fils et leurs filles.
38 Ils ont fait couler le sang des innocents,
le sang de leurs fils et de leurs filles.
Ils les ont offerts en sacrifice
aux dieux de Canaan,
et leur sang a sali le pays.
39 En faisant cela, ils sont devenus *impurs,
ils ont été infidèles comme des prostituées[j].
40 Alors le Seigneur est entré dans une grande colère
contre son peuple,
il s'est mis à détester ceux qui lui appartenaient.
41 Il les a livrés aux autres peuples :
leurs adversaires sont devenus leurs maîtres.
42 Leurs ennemis les ont écrasés,
et ils ont été sous leur pouvoir.
43 Très souvent, le Seigneur les a délivrés.
Mais nos ancêtres ont continué à lui résister,
et ils se sont enfoncés dans leurs fautes.
44 Le Seigneur a entendu leurs cris
et il a vu leur malheur.
45 Il s'est souvenu de *l'alliance
qu'il avait faite avec eux,

i **106.32-33** *Voir Exode 17.1-7 ; Nombres 20.1-13.*

j **106.39** *Une prostituée est une femme qui couche avec n'importe qui pour gagner de l'argent. Adorer les faux dieux, c'est vivre comme une prostituée, c'est-à-dire être infidèle à Dieu.*

dans son amour, il a changé d'avis.
46 Grâce à lui, tous ceux qui les retenaient prisonniers
ont eu pitié d'eux.

47 Seigneur notre Dieu, sauve-nous,
rassemble-nous du milieu des autres peuples !
Ton nom est saint.
Ainsi, nous pourrons te dire merci
et nous serons fiers de chanter tes louanges.

48 Merci au Seigneur, le Dieu d'Israël,
depuis toujours et pour toujours !
Et tout le peuple dira :
« Oui, qu'il en soit ainsi !
Chantez les louanges du Seigneur[k] ! »

CINQUIÈME LIVRE
(Psaumes 107—150)

Merci au Seigneur qui délivre de la peur !

107 « Dites merci au Seigneur,
car il est bon,
et son amour est pour toujours ! »
2 Qu'ils disent cela,
les gens que le Seigneur a libérés !
Qu'ils disent cela,
ceux que le Seigneur a arrachés à l'ennemi,
3 ceux qu'il a rassemblés de tous les pays,
de l'est et de l'ouest, du nord et du sud !

4 Certains marchaient ici et là dans le désert,
dans des endroits perdus,
ils ne retrouvaient pas le chemin
pour aller dans un lieu habité.
5 Ils avaient faim et soif,

k **106.47-48** *Voir 1 Chroniques 16.34-36.*

ils étaient découragés.
6 Alors dans leur malheur,
ils ont crié vers le Seigneur,
et le Seigneur les a délivrés de leur peur.
7 Il les a conduits tout droit
vers un lieu habité.
8 Qu'ils remercient le Seigneur pour son amour,
pour ses actions étonnantes envers les humains !
9 Oui, il a donné à boire
à ceux qui mouraient de soif,
il a nourri généreusement ceux qui mouraient de faim.

10 D'autres étaient en prison dans une cellule sombre,
ils étaient très malheureux,
attachés avec des chaînes.
11 Ils ont refusé d'obéir aux commandements de Dieu,
ils ont méprisé le projet du Dieu très-haut.
12 Le Seigneur les a brisés par la souffrance,
ils sont tombés, et personne n'est venu les aider.
13 Alors dans leur malheur,
ils ont crié vers le Seigneur,
et le Seigneur les a sauvés de leur peur.
14 Il les a fait sortir de leur cellule sombre,
il a cassé leurs chaînes.
15 Qu'ils remercient le Seigneur pour son amour,
pour ses actions étonnantes envers les humains !
16 Oui, il a brisé les portes de bronze[l],
il a fait sauter les verrous de fer.

17 D'autres étaient devenus stupides,
tellement ils se conduisaient mal,
ils se rendaient malheureux par leurs fautes.
18 Ils ne pouvaient plus rien avaler,
ils étaient proches de la mort.
19 Alors, dans leur malheur,
ils ont crié vers le Seigneur,
et le Seigneur les a sauvés de leur peur.

l **107.16** *Voir 18.35 et la note.*

20 Il a envoyé sa parole pour les guérir,
il les a arrachés à la tombe.
21 Qu'ils remercient le Seigneur pour son amour,
pour ses actions étonnantes envers les humains !
22 Qu'ils offrent des *sacrifices pour le remercier !
Avec des cris de joie,
qu'ils racontent ce qu'il a fait !

23 D'autres sont partis en bateau
pour travailler en pleine mer.
24 Ces gens-là ont vu ce que le Seigneur a fait,
ses actions étonnantes sur la mer.
25 D'un seul mot, il a fait venir la tempête,
et le vent a soulevé les vagues.
26 Leur bateau était lancé vers le *ciel,
puis descendait au fond de la mer.
Les marins se sentaient vraiment très mal,
27 ils ne pouvaient plus tenir debout,
ils marchaient comme des gens qui ont trop bu,
ils ne savaient plus rien faire.
28 Alors dans leur malheur,
ils ont crié vers le Seigneur,
et le Seigneur les a délivrés de leur peur.
29 Il a calmé la tempête,
et les vagues sont restées tranquilles.
30 Les marins étaient remplis de joie
en voyant le calme de la mer.
Le Seigneur les a conduits au port
qu'ils voulaient atteindre.
31 Qu'ils remercient le Seigneur pour son amour,
pour ses actions étonnantes envers les humains !
32 Qu'ils disent sa grandeur dans l'assemblée du peuple,
qu'ils chantent ses louanges au conseil des *anciens !

33 Le Seigneur peut changer les fleuves en désert,
les oasis en terres sèches,
34 le sol riche en sol pauvre,
quand les habitants sont mauvais.
35 Mais il peut aussi changer le désert en un grand lac
et la terre sèche en oasis.

36 Là, le Seigneur installe ceux qui ont faim,
et ils bâtissent des maisons à cet endroit.
37 Ils sèment dans les champs, ils plantent des *vignes,
ils en récoltent les fruits.
38 Le Seigneur les bénit et ils deviennent très nombreux,
il ne laisse pas diminuer leurs troupeaux.
39 Mais d'autres deviennent moins nombreux,
ils se courbent sous le poids
de la tristesse et du malheur.
40 Le Seigneur couvre de mépris les notables,
il les laisse se perdre dans un désert sans pistes.
41 Mais il tire les pauvres de la misère,
il rend leurs familles aussi nombreuses
que leurs troupeaux.

42 En voyant cela,
ceux qui ont le cœur *pur sont dans la joie,
tous ceux qui ont l'esprit tordu se taisent.
43 Si quelqu'un veut avoir la sagesse,
il fera attention à ces choses,
il reconnaîtra l'amour du Seigneur !

Je dois réveiller la lumière du matin

108 *Chant de David.*
Psaume.

2 Mon cœur a confiance, ô Dieu,
je vais chanter, je vais jouer de tout mon cœur.
3 Réveillez-vous, *harpe et *cithare,
je dois réveiller la lumière du matin.

4 Seigneur, je veux te dire merci parmi les peuples,
je veux jouer pour toi
parmi ceux qui ne te connaissent pas.
5 Ton amour est plus grand que le *ciel,
ta fidélité monte jusqu'aux nuages.
6 O Dieu, que ta grandeur paraisse au-dessus du ciel,
que ta *gloire brille sur toute la terre !
7 Pour que tes amis soient délivrés,

sauve-les par ta puissance,
et réponds-moi !

8 Dieu a parlé dans son Temple *saint :
« Le vainqueur, c'est moi.
Je vais partager la ville de Sichem,
je vais mesurer la vallée de Soukoth.
9 Galaad est à moi, Manassé est à moi.
Éfraïm est un casque pour ma tête,
Juda est mon bâton de commandement.
10 Moab est la cuvette où je me lave,
je pose le pied sur Édom pour le prendre.
Contre la Philistie, je pousse un cri de guerre[m]. »

11 Qui me mènera dans une ville bien défendue ?
Qui me conduira jusqu'en Édom ?
12 Toi seul, tu peux le faire, ô Dieu.
Mais tu nous as repoussés,
tu ne combats plus avec nos armées.

13 Viens nous aider contre l'ennemi,
car les hommes ne nous aident pas vraiment.
14 Avec Dieu, nous remporterons la victoire :
c'est lui qui écrasera nos ennemis[n].

Ils me rendent le mal pour le bien !

109 *Psaume de David,*
pris dans le livre du chef de chorale.

O Dieu, je chante tes louanges,
ne garde pas le silence !
2 Oui, des gens mauvais, des menteurs,
ouvrent leur bouche contre moi,
ils parlent de moi pour dire des mensonges.
3 Leurs paroles de haine m'entourent de tous côtés,

m **108.10** *Voir 60.10 et la note.*

n **108.7-14** *Voir 60.7-14.*

et ils m'attaquent sans raison.
4 J'ai de l'amitié pour eux.
En échange, ils m'accusent,
mais moi, je prie pour eux.
5 Ils me rendent le mal pour le bien
et de la haine pour mon amour.

6 Voici ce qu'ils disent contre moi :
« Choisissons un homme mauvais pour l'attaquer,
qu'un accusateur se tienne à sa droite !
7 Quand il sera jugé, qu'on le condamne !
Qu'on regarde sa prière comme une offense faite à Dieu !
8 Il ne doit pas continuer à vivre.
Qu'un autre le remplace dans son travail !
9 Que ses fils deviennent orphelins,
que sa femme devienne veuve !
10 Que ses fils traînent ici et là,
qu'ils deviennent des mendiants !
Qu'ils mendient loin de leurs maisons en ruine !
11 L'homme qui lui a prêté de l'argent,
qu'il saisisse tout ce qui est à lui !
Que des étrangers prennent ce qu'il a gagné !
12 Personne ne doit être bon pour lui,
personne ne doit avoir pitié des orphelins qu'il laisse !
13 Que les enfants de ses enfants disparaissent !
Qu'on ne se souvienne plus d'eux d'ici quelques années !
14 Qu'on rappelle au Seigneur la faute de son père
et du père de son père !
Que rien n'efface les fautes de sa mère !
15 Que le Seigneur garde toujours le souvenir de leurs fautes,
et qu'il enlève de la terre le nom de ces gens-là !
16 Oui, cet homme a oublié d'être bon,
il a fait souffrir jusqu'à la mort un pauvre,
un malheureux qui était découragé.
17 Il aimait beaucoup maudire,
la malédiction est tombée sur lui.
Il aimait très peu bénir,
la bénédiction s'est éloignée de lui !
18 Il a pris sur lui la malédiction comme un vêtement,
elle est entrée en lui comme de l'eau,

et dans son corps comme de l'huile.
19 Que la malédiction le couvre comme un habit,
qu'elle soit toujours sur lui comme une ceinture ! »

20 Voilà au contraire,
comment le Seigneur paiera mes accusateurs,
ceux qui disent du mal de moi.

21 Et toi, Seigneur mon Dieu,
fais quelque chose pour moi, à cause de ton nom !
Ton amour me fait du bien, sauve-moi !
22 Je suis malheureux et pauvre,
et mon cœur est blessé au fond de moi.
23 Ma vie passe comme l'ombre du soir,
on me chasse comme une sauterelle.
24 J'ai *jeûné longtemps,
alors je ne tiens plus debout,
et par manque de nourriture,
je n'ai que la peau et les os.
25 Mes accusateurs me méprisent.
Quand ils me voient, ils secouent la tête
en se moquant de moi.

26 Viens à mon aide, Seigneur mon Dieu,
par ton amour, sauve-moi !
27 Ces gens-là doivent le savoir :
c'est toi, Seigneur, qui agis,
c'est toi qui me sauves.
28 Ils jettent des malédictions,
mais toi, tu bénis.
S'ils se lèvent contre moi,
ils seront couverts de honte,
et ton serviteur sera plein de joie.
29 Que mes accusateurs perdent leur honneur,
que la honte les couvre comme un vêtement !

30 Je veux remercier le Seigneur à haute voix,
je veux chanter ses louanges au milieu de la foule.
31 Oui, il se tient à la droite du pauvre
pour le sauver de ses juges.

Roi et prêtre à la fois

110 *Psaume de David.*

Le Seigneur déclare à mon maître:
« Viens t'asseoir à ma droite,
je vais mettre tes ennemis sous tes pieds. »
2 Le Seigneur étendra ton pouvoir
depuis le Temple de *Sion!
Et toi, tu commanderas aux ennemis qui t'entourent!
3 Ton peuple arrive plein d'ardeur,
le jour où tu rassembles ton armée.
Sur les montagnes *saintes,
les jeunes gens viennent vers toi,
comme les gouttes d'eau au lever du soleil.

4 Le Seigneur a fait ce serment,
il ne reprendra pas sa parole:
« Tu es prêtre pour toujours
à la façon de Melkisédec°. »
5 Le Seigneur est près de toi.
Le jour où il se met en *colère,
il écrase les rois.
6 Il juge les autres peuples,
il écrase les chefs sur toute la terre.
Tout est plein de cadavres.

7 En chemin, le roi boit l'eau du torrent,
c'est pourquoi il relève la tête.

Chantons les actions magnifiques du Seigneur

111 Chantez les louanges du Seigneur!

De tout mon cœur,
je veux dire merci au Seigneur

o **110.4** *Voir Genèse 14.18.*

dans l'assemblée, parmi ceux qui ont le cœur *pur.
2 Les actions du Seigneur sont extraordinaires,
tous ceux qui les aiment réfléchissent sur elles.
3 Tout ce qu'il fait rayonne de *gloire,
et il est toujours fidèle.
4 Il veut qu'on se souvienne de ses actions étonnantes.
Le Seigneur a pitié, il aime avec tendresse.
5 Il nourrit ceux qui le respectent.
Il se souvient toujours de son *alliance
6 Le Seigneur a montré sa puissance à son peuple
en lui donnant le pays des autres peuples.
7 Ses actions sont vraies et *justes,
tous ses commandements sont sûrs.
8 Ils ne changent jamais,
car ils sont justes et vrais.
9 Le Seigneur a fait libérer son peuple,
il lui a imposé une alliance pour toujours.
Le Seigneur est *saint et terrible.
10 Le respect du Seigneur est le commencement de la sagesse.
Tous ceux qui lui obéissent sont vraiment sages.
La louange du Seigneur est pour toujours.

Il est heureux, celui qui respecte Dieu

112

Chantez les louanges du Seigneur!

Il est heureux,
celui qui respecte le Seigneur
et qui aime ses commandements.
2 Ses enfants seront puissants dans le pays,
car Dieu bénit ceux qui ont le cœur *pur.
3 Cet homme est riche, il vit bien,
et Dieu lui donne raison pour toujours.
4 Dans la nuit, une lumière se lève
pour l'homme au cœur pur.
Il est *juste et bon,
il aime les autres avec tendresse.
5 Celui qui est bon a pitié et il prête,
il mène ses affaires en respectant les lois.
6 Celui qui obéit à Dieu ne tombera jamais,

on se souviendra toujours de lui.
7 Il ne doit pas avoir peur des mauvaises nouvelles.
Son cœur est tranquille,
il a confiance dans le Seigneur.
8 Il est solide, il n'a peur de rien,
il est sûr de voir la défaite de ses ennemis.
9 Il est généreux, il donne aux pauvres,
et Dieu lui donne raison pour toujours.
Il est puissant et respecté.
10 Les gens mauvais voient cela
et ils sont en colère,
ils grincent des dents de jalousie
et ils sont découragés.
Leurs espoirs disparaissent en fumée.

Que tous chantent les louanges du Seigneur !

113 Chantez les louanges du Seigneur !

Vous qui servez le Seigneur,
chantez ses louanges, chantez pour son nom !
2 Merci au Seigneur
dès maintenant et pour toujours !
3 Du soleil levant au soleil couchant,
que tous chantent le nom du Seigneur !
4 Le Seigneur est au-dessus de tous les peuples,
sa *gloire dépasse le *ciel.

5 Qui est comme le Seigneur notre Dieu ?
Il est assis là-haut sur son siège de roi,
6 il se penche pour regarder le ciel et la terre.
7 Il met debout le faible qui traînait dans la poussière,
il relève le pauvre assis sur un tas d'ordures.
8 Il le fait asseoir à la place d'honneur,
avec les chefs de son peuple.
9 Il installe la femme stérile
dans une maison pleine d'enfants.
Quelle mère heureuse !

Chantez les louanges du Seigneur !

La sortie d'Égypte

114 Quand les *Israélites sont sortis d'Égypte,
quand la famille de *Jacob
a quitté ce peuple étranger,
2 le pays de Juda est devenu le *lieu saint du Seigneur,
Israël est devenu sa propriété.

3 En voyant les Israélites,
la mer s'est enfuie, le *Jourdain a reculé.
4 Les montagnes ont sauté comme des béliers,
les collines ont bondi comme des cabris[p].

5 Mer, pourquoi t'enfuir ?
Jourdain, pourquoi reculer ?
6 Montagnes, pourquoi sauter comme des béliers ?
Collines, pourquoi bondir comme des cabris ?

7 Terre, tremble devant le Seigneur,
devant le Dieu de Jacob.
8 Il change le rocher en étang
et les cailloux en source[q].

A Dieu seul la gloire !

115 Seigneur, ce n'est pas à nous,
ce n'est pas à nous, qu'il faut donner la *gloire,
mais c'est à toi, pour ton amour et ta fidélité.

2 Les autres peuples demandent :
« Où est leur Dieu ? »
Mais pourquoi ?
3 Notre Dieu est dans le *ciel,
tout ce qu'il veut, il le fait.

p **114.1-4** *Voir Exode 12.51 ; 14.21.*
q **114.8** *Voir Exode 17.1-6 ; Nombres 20.1-11.*

4 Leurs dieux sont en argent et en or,
ils sont fabriqués par des hommes.
5 Ces statues ont une bouche,
mais elles ne parlent pas.
Elles ont des yeux,
mais elles ne voient pas.
6 Elles ont des oreilles,
mais elles n'entendent pas.
Elles ont un nez,
mais elles ne sentent pas.
7 Elles ont des mains,
mais elles ne touchent pas.
Elles ont des pieds,
mais elles ne marchent pas.
Aucun son ne sort de leur bouche.
8 Les artisans qui les font,
ceux qui mettent leur confiance en elles,
qu'ils soient comme ces statues !

9 Tribus d'Israël, ayez confiance dans le Seigneur.
— Leur secours et leur *bouclier, c'est lui !
10 Famille *d'Aaron, ayez confiance dans le Seigneur.
— Leur secours et leur bouclier, c'est lui !
11 Vous qui respectez le Seigneur, ayez confiance dans le Seigneur.
— Leur secours et leur bouclier, c'est lui !

12 Le Seigneur se souvient de nous,
il donnera ses bénédictions.
Il bénira les tribus d'Israël,
il bénira la famille d'Aaron,
13 il bénira ceux qui le respectent,
les petits et les grands.
14 Que le Seigneur vous rende nombreux,
vous et vos enfants !
15 Que le Seigneur vous bénisse,
lui qui a fait le ciel et la terre !

16 Le ciel est le ciel du Seigneur,
mais la terre, il l'a donnée aux hommes.
17 Non, les morts ne chantent pas les louanges du Seigneur,

eux qui descendent dans le monde du silence.
18 Mais nous, nous remercions le Seigneur,
dès maintenant et pour toujours.

Chantez les louanges du Seigneur !

Comment rendre au Seigneur le bien qu'il m'a fait ?

116 J'aime le Seigneur,
car il m'écoute quand je crie vers lui.
2 Il a tendu vers moi son oreille,
et toute ma vie, je ferai appel à lui.

3 La mort me tenait déjà attaché,
le monde des morts m'avait pris dans ses chaînes,
j'avais très peur et j'étais très malheureux.
4 J'ai appelé le Seigneur par son nom :
« Ah ! Seigneur, sauve-moi ! »
5 Le Seigneur a pitié, il est *juste,
notre Dieu aime avec tendresse.
6 Le Seigneur protège les gens simples,
j'étais faible, il m'a sauvé.

7 Allons, je dois retrouver mon calme,
car le Seigneur m'a fait du bien.
8 Tu m'as sauvé de la mort,
tu as séché mes larmes,
tu m'as empêché de tomber.
9 C'est pourquoi je marcherai sous le regard du Seigneur,
sur la terre des vivants.

10 J'ai gardé confiance, même quand je disais :
« Je suis vraiment très malheureux ! »
11 Je ne savais plus où j'en étais,
je disais :
« Tous les humains sont des menteurs ! »
12 Comment rendre au Seigneur
tout le bien qu'il m'a fait ?
13 Je lèverai la *coupe de la victoire

et j'appellerai le Seigneur par son nom.
14 Je tiendrai mes promesses envers le Seigneur,
devant tout son peuple.

15 Le Seigneur souffre
en voyant mourir ses amis fidèles.
16 Ah ! Seigneur, je suis ton serviteur,
oui, ton serviteur, le fils de ta servante.
Tu as détaché mes chaînes.
17 Je t'offrirai un *sacrifice pour te remercier
et j'appellerai le Seigneur par son nom.

18 Je tiendrai mes promesses envers le Seigneur,
devant tout son peuple,
19 dans les cours de la maison du Seigneur,
au milieu de toi, Jérusalem.

Chantez les louanges du Seigneur !

Tous les peuples, chantez la grandeur de Dieu !

117 Pays du monde entier,
chantez les louanges du Seigneur !
Tous les peuples, chantez la grandeur de Dieu !
2 Oui, son amour envers nous est le plus fort.
La fidélité du Seigneur est pour toujours.

Chantez les louanges du Seigneur !

Remerciez le Seigneur, car il est bon !

118 Dites merci au Seigneur, car il est bon,
et son amour est pour toujours !

2 Tribus d'Israël, dites encore :
— Oui, son amour est pour toujours !
3 Famille *d'Aaron, dites encore :
— Oui, son amour est pour toujours !
4 Vous qui respectez le Seigneur, dites encore :
— Oui, son amour est pour toujours !

5 Dans mon malheur, j'ai appelé le Seigneur,
et il m'a répondu, il m'a rendu la liberté.
6 Le Seigneur est pour moi, je n'ai pas peur.
Qu'est-ce qu'on peut me faire ?
7 Le Seigneur est pour moi,
il vient à mon secours,
je vois avec plaisir la défaite de mes ennemis.
8 Il vaut mieux se réfugier près du Seigneur
que de compter sur les humains !
9 Il vaut mieux se réfugier près du Seigneur
que de compter sur les grands de ce monde !

10 Tous les peuples étrangers m'entouraient :
au nom du Seigneur, je les ai détruits !
11 Ils m'entouraient de tous côtés :
au nom du Seigneur, je les ai détruits !
12 Ils m'entouraient comme des abeilles,
ils se sont éteints comme un feu d'épines.
Au nom du Seigneur, je les ai détruits !

13 On m'a poussé, bousculé pour me faire tomber,
mais le Seigneur est venu à mon aide.
14 Le Seigneur est ma force, je chante pour lui,
c'est lui qui m'a sauvé !

15 Écoutez les cris de joie et de victoire
dans les tentes de ceux qui obéissent à Dieu :
« Le Seigneur a fait un exploit !
16 Il nous a donné la victoire,
le Seigneur a fait un exploit ! »

17 Non, je ne mourrai pas, je vivrai
pour raconter les actions du Seigneur.
18 Oui, le Seigneur m'a bien corrigé,
mais il ne m'a pas laissé mourir !
19 Ouvrez-moi les portes,
les portes de ceux qui obéissent à Dieu.
Je vais entrer pour dire merci au Seigneur.
20 — Voici la porte du Seigneur.
Qu'ils entrent, ceux qui obéissent à Dieu !

21 Seigneur, je te dis merci,
car tu m'as répondu et tu m'as sauvé.

22 La pierre que les maçons ont rejetée
est devenue la pierre principale de la maison.
23 C'est le Seigneur qui a fait cela.
Quelle action magnifique à nos yeux !
24 Voici le jour que le Seigneur a fait.
Chantons et dansons de joie !
25 « Oh ! Seigneur, sauve-nous !
Oh ! Seigneur, donne la victoire ! »
26 — Que Dieu bénisse
celui qui vient au nom du Seigneur !
Nous vous donnons la bénédiction du Seigneur
depuis son Temple.
27 — Le Seigneur est Dieu,
qu'il nous éclaire de sa lumière !
— Avec des branches à la main, formez le cortège
jusqu'aux endroits sacrés de *l'autel[r] !

28 Tu es mon Dieu, je te dis merci.
Mon Dieu, je reconnais ta grandeur !
29 Remerciez le Seigneur, car il est bon,
et son amour est pour toujours !

Ta loi fait toute ma joie

119 Ils sont heureux,
ceux qui se conduisent parfaitement,
qui respectent la *loi du Seigneur.
2 Ils sont heureux,
ceux qui obéissent à ses ordres,
ils cherchent le Seigneur de tout leur cœur.
3 Ils ne font aucun mal,
ils vivent comme le Seigneur le demande.
4 Seigneur, tu fais connaître tes exigences,
pour qu'on les respecte avec soin.

r **118.27** *Il s'agit des coins relevés de l'autel.*

5 Ah ! Si mes pas étaient plus sûrs,
pour faire ce que tu veux !
6 Alors je n'aurais pas honte
en regardant tous tes commandements.
7 Je te dirais merci du fond du cœur
en étudiant tes décisions *justes.
8 Je veux faire ce que tu veux,
ne m'abandonne jamais !

9 Quand on est jeune, comment mener une vie *pure ?
— En obéissant à ta parole, Seigneur.
10 Je te cherche de tout mon cœur,
ne permets pas que je me perde
loin de tes commandements.
11 Je garde tes enseignements dans mon cœur
pour ne pas pécher contre toi.
12 Merci, Seigneur !
Apprends-moi ce que tu veux.
13 J'énumère toutes les décisions
que tu as prononcées.
14 Je suis heureux d'obéir à tes ordres,
comme si je possédais toutes les richesses du monde.
15 Je veux réfléchir à tes exigences
et regarder le chemin que tu m'indiques.
16 J'ai beaucoup de joie à faire ce que tu veux,
je n'oublierai pas ta parole.

17 Je suis ton serviteur, sois bon pour moi :
je vivrai et j'obéirai à ta parole.
18 Ouvre mes yeux : je verrai mieux
combien ta loi est merveilleuse.
19 Je suis un étranger sur la terre,
ne me cache pas tes commandements.
20 A chaque instant, je cherche avec ardeur
à connaître tes décisions.
21 Tu menaces les orgueilleux, ces gens maudits
qui se perdent loin de tes commandements.
22 Débarrasse-moi des insultes et du mépris,
car j'obéis toujours à tes ordres.
23 Même si des chefs sont assis

pour parler contre moi,
moi, ton serviteur,
je réfléchis à ce que tu veux.
24 Tes ordres font toute ma joie,
ce sont eux qui me conseillent.

25 Je suis par terre dans la poussière,
fais-moi vivre, comme tu l'as promis !
26 Je t'ai raconté ma vie,
et tu m'as répondu,
apprends-moi ce que tu veux.
27 Fais-moi comprendre le chemin de tes exigences,
et je réfléchirai à tes actions magnifiques.
28 La tristesse fait couler mes larmes,
relève-moi, comme tu l'as promis.
29 Éloigne de moi le chemin du mensonge,
et dans ta bonté, fais-moi connaître ta loi.
30 J'ai choisi le chemin de la vérité,
j'obéis à tes décisions.
31 Je m'attache à tes ordres.
Seigneur, ne me couvre pas de honte !
32 Je cours sur le chemin de tes commandements,
car tu as ouvert mon cœur.

33 Seigneur, montre-moi le chemin que tu veux,
je le suivrai jusqu'au bout.
34 Rends-moi intelligent pour obéir à ta loi,
pour la respecter de tout mon cœur.
35 Conduis-moi sur le chemin de tes commandements,
j'y trouve mon plaisir.
36 Fais que mon cœur s'attache à tes ordres
et non pas au profit.
37 Détourne mes yeux des choses sans valeur
et fais-moi vivre comme tu le demandes.
38 Accomplis pour moi, ton serviteur,
ce que tu as promis à ceux qui te respectent.
39 Protège-moi des insultes qui me font peur,
ce sont tes décisions qui sont bonnes.
40 Oui, j'aime tes exigences.
Puisque tu es juste, fais-moi vivre.

41 Seigneur, sois bon pour moi,
sauve-moi, comme tu l'as promis !
42 Quand on m'insultera, je saurai répondre,
car j'ai confiance en ta parole.
43 Aide-moi à toujours dire la vérité,
car j'attends avec espoir tes décisions.
44 Je veux obéir à ta loi,
toujours et pour toujours.
45 J'avancerai en toute liberté,
car j'étudie tes exigences.
46 Devant les rois, je parlerai de tes ordres,
je n'aurai pas honte.
47 J'aime tes commandements,
ils me donnent beaucoup de joie.
48 Je lève les mains vers tes commandements,
je les aime,
je réfléchis à ce que tu veux.

49 Souviens-toi de ce que tu as dit à ton serviteur,
cette parole me donne de l'espoir.
50 Ta promesse me fait vivre,
voilà ce qui me console dans mon malheur.
51 Les orgueilleux se sont bien moqués de moi,
mais je n'ai pas été infidèle à ta loi.
52 Seigneur, je pense à tes décisions d'autrefois,
et cela me console.
53 Quand je vois des gens mauvais qui abandonnent ta loi,
je brûle de colère.
54 Sur cette terre où je suis un étranger,
je chante tes commandements.
55 Seigneur, pendant la nuit, je me souviens de toi
pour obéir à ta loi.
56 Obéir à tes exigences,
voilà toute ma vie !

57 Je le dis :
Seigneur, la part qui me revient,
c'est de garder tes paroles.
58 De tout mon cœur, j'ai cherché à te plaire,
aie pitié de moi, comme tu l'as promis.

59 J'ai réfléchi sur ma vie :
je veux de nouveau obéir à tes ordres.
60 Sans retard, j'obéis rapidement à tes commandements.
61 Des gens mauvais m'ont entouré de pièges,
mais je n'ai pas oublié ta loi.
62 Au milieu de la nuit, je me lève
pour te remercier de tes justes décisions.
63 Je suis l'ami de ceux qui te respectent
et qui obéissent à tes exigences.
64 Seigneur, ton amour remplit la terre,
apprends-moi ce que tu veux.

65 Seigneur, tu as été bon pour moi, ton serviteur,
comme tu l'avais promis.
66 Apprends-moi à bien juger
et à connaître tes commandements,
car j'ai confiance en eux.
67 Avant d'avoir souffert, je me perdais,
mais maintenant, je fais ce que tu demandes.
68 Tu es bon et tu fais du bien,
apprends-moi ce que tu veux.
69 Des orgueilleux me salissent avec leurs mensonges,
mais moi, de tout mon cœur,
j'obéis à tes exigences.
70 Ils ne veulent vraiment rien comprendre,
mais moi, j'ai beaucoup de joie à suivre ta loi.
71 Pour moi, la souffrance a été une bonne chose,
elle m'a appris ce que tu voulais.
72 La loi sortie de ta bouche,
je la préfère à des milliers de pièces d'or ou d'argent.

73 Tes mains m'ont formé et me font tenir debout.
Rends-moi intelligent pour apprendre tes commandements.
74 Oui, j'attends avec espoir ce que tu diras.
Quand ceux qui te respectent me voient,
ils sont dans la joie.
75 Seigneur, je le sais, tes décisions sont justes,
et tu as bien fait de me laisser souffrir.
76 Je suis ton serviteur.
Que ton amour me console,

comme tu me l'as promis !
77 Montre-moi ta tendresse, et je vivrai,
car ta loi fait toute ma joie.
78 Couvre de honte les orgueilleux
qui me traînent dans la boue injustement.
Moi, je réfléchis à tes exigences.
79 Ceux qui te respectent,
qu'ils reviennent vers moi
pour connaître tes ordres !
80 De tout mon cœur, je veux faire ce que tu veux.
Ainsi, je ne serai pas couvert de honte.

81 Je me fatigue à attendre ton aide,
j'attends avec espoir ce que tu diras.
82 Mes yeux se fatiguent à attendre ce que tu as promis.
Je demande : « Quand vas-tu me consoler ? »
83 Je suis comme une outre[s] séchée au-dessus du feu,
mais je n'oublie pas ce que tu veux.
84 Est-ce que tu me laisseras vivre longtemps encore ?
Quand vas-tu juger ceux qui me font souffrir ?
85 Des orgueilleux m'ont tendu des pièges,
et c'est contraire à ta loi.
86 Tous tes commandements sont vrais.
On me fait souffrir injustement, aide-moi !
87 Un peu plus,
et ils me feraient disparaître de la terre !
Mais moi, je n'abandonne pas tes exigences.
88 Fais-moi vivre grâce à ton amour,
alors j'obéirai à tes ordres.

89 Seigneur, dans le *ciel,
ta parole est fixée pour toujours.
90 Tu restes fidèle de génération en génération.
Tu as fondé la terre, et elle est solide.
91 Aujourd'hui, tout existe à cause de tes décisions.
Oui, le monde entier est à ton service.

s **119.83** *Une outre est un grand sac fait en peau de chèvre.*
On l'utilise pour conserver des liquides ou pour en transporter.

92 Si ta loi ne faisait pas toute ma joie,
dans mon malheur, je serais déjà mort.
93 Je n'oublierai jamais tes exigences,
par elles, tu me fais vivre.
94 Je suis à toi, sauve-moi,
car j'ai le souci de tes exigences.
95 Des gens mauvais m'attendent pour me faire mourir.
Moi, je suis attentif à tes ordres.
96 Je le vois, même ce qui est parfait a une fin,
mais ton commandement est sans limites.

97 J'aime beaucoup ta loi,
je réfléchis sur elle tous les jours.
98 Ton commandement me rend plus sage que mes ennemis,
il est à moi pour toujours.
99 Je suis plus savant que tous ceux qui m'enseignent,
car je réfléchis longtemps à tes ordres.
100 Je sais mieux juger que les *anciens,
car j'obéis à tes exigences.
101 J'évite de prendre le chemin du mal,
pour obéir à ce que tu dis.
102 Je respecte fidèlement tes décisions,
car c'est toi qui me les as apprises.
103 Dans ma bouche, tes paroles sont douces,
plus douces que le miel.
104 Tes exigences me permettent de bien juger.
Aussi je déteste tout ce qui est mensonge.

105 Ta parole est une lampe qui éclaire mes pas,
une lumière sur ma route.
106 J'ai promis de respecter tes décisions justes
et je tiendrai ma promesse.
107 On m'a vraiment traîné dans la boue.
Seigneur, fais-moi vivre, comme tu l'as promis.
108 Accepte les prières que je te fais, Seigneur,
apprends-moi tes décisions.
109 Je suis toujours en danger,
mais je n'oublie pas ta loi.
110 Des gens mauvais m'ont tendu un piège,
mais je ne me suis pas éloigné de tes exigences.

111 Pour moi, tes ordres sont un trésor
que je garde sans cesse,
ils sont la joie de mon cœur.
112 Je m'applique à faire ce que tu veux,
voilà ma récompense pour toujours !

113 Je déteste les gens
qui ne sont pas entièrement à toi,
mais j'aime ta loi.
114 Mon abri et mon *bouclier, c'est toi.
J'attends avec espoir ce que tu diras.
115 Vous qui faites le mal, éloignez-vous de moi !
Alors j'obéirai aux commandements de Dieu.
116 Soutiens-moi, comme tu l'as promis, et je vivrai.
Ne déçois pas mon attente.
117 Sois mon appui : je serai sauvé
et je chercherai toujours à faire ce que tu veux.
118 Tu repousses tous ceux qui ne t'obéissent pas.
Oui, tout ce qu'ils font
ne sert qu'à tromper les autres.
119 Les gens mauvais de la terre,
tu les fais disparaître comme des ordures.
C'est pourquoi j'aime tes ordres.
120 Tout mon corps tremble devant toi,
et tes décisions me font peur.

121 J'ai obéi à tes décisions
et j'ai fait ce qui est juste.
Ne me laisse pas entre les mains
de ceux qui m'écrasent.
122 Assure le bonheur de ton serviteur.
Que les orgueilleux ne m'écrasent pas !
123 Mes yeux se fatiguent à attendre ton secours
et le salut que tu as promis.
124 Agis envers moi, ton serviteur, selon ton amour,
apprends-moi ce que tu veux.
125 Je suis ton serviteur,
rends-moi intelligent pour connaître tes ordres.
126 Seigneur, c'est le moment de faire quelque chose !
On désobéit à ta loi !

127 Aussi je préfère tes commandements à l'or,
même à l'or le plus pur.
128 Toutes tes exigences, je les trouve parfaitement justes,
je déteste tout ce qui est faux.

129 Tes ordres sont merveilleux,
aussi je t'écoute toujours.
130 Quand on découvre ta parole, on reçoit la lumière.
Par elle, les gens simples deviennent capables de bien juger.
131 Je bois volontiers tes paroles,
tellement j'aime tes commandements.
132 Tourne-toi vers moi, aie pitié de moi,
comme tu l'as décidé pour ceux qui t'aiment.
133 Que tes paroles rendent mes pas plus sûrs,
ne laisse aucun mal me dominer.
134 Libère-moi des gens qui m'écrasent,
et j'obéirai à tes exigences.
135 Je suis ton serviteur,
fais briller sur moi ton visage,
apprends-moi ce que tu veux.
136 Des larmes coulent de mes yeux,
parce qu'on ne respecte pas ta loi.

137 Seigneur, tu es juste,
et tes décisions sont exactes.
138 Les ordres que tu donnes sont justes et vrais.
139 Mes ennemis oublient tes paroles.
Alors l'amour ardent que j'ai pour toi
me brûle comme un feu.
140 Ta parole a fait ses preuves,
je l'aime beaucoup, moi ton serviteur.
141 Je ne suis pas quelqu'un d'important,
et on me compte pour rien,
mais je n'oublie pas tes exigences.
142 Ta *justice est une justice qui dure toujours,
et ta loi est vraie.
143 Je suis malheureux et inquiet,
mais tes commandements font toute ma joie.
144 Tes ordres sont toujours justes,
aide-moi à les comprendre, et je vivrai.

145 Seigneur, je t'appelle de tout mon cœur,
réponds-moi, je ferai ce que tu veux.
146 Je t'appelle, sauve-moi,
et j'obéirai à tes ordres.
147 Avant le lever du soleil,
je t'appelle au secours,
j'attends avec espoir ce que tu diras.
148 Avant la fin de la nuit, j'ouvre les yeux
pour réfléchir à tes enseignements.
149 Dans ton amour, Seigneur, écoute ma voix,
fais-moi vivre en accord avec tes décisions.
150 Près de moi, les gens courent après le mal,
mais ils s'éloignent de ta loi.
151 Seigneur, toi, tu es près de moi,
et tous tes commandements sont vrais.
152 Tu as donné tes ordres pour toujours,
je sais cela depuis longtemps.

153 Vois mon malheur et délivre-moi,
car je n'ai pas oublié ta loi.
154 Défends-moi et libère-moi,
fais-moi vivre, comme tu l'as promis.
155 Le salut est loin des gens mauvais,
car ils ne cherchent pas à faire ce que tu veux.
156 Seigneur, ta tendresse est grande,
fais-moi vivre en accord avec tes décisions.
157 Mes ennemis et ceux qui me font souffrir
sont nombreux,
mais je n'ai pas été infidèle à tes ordres.
158 J'ai vu des gens qui t'ont abandonné,
ils n'obéissent pas à tes enseignements,
ils me dégoûtent.
159 Seigneur, regarde, j'aime beaucoup tes exigences.
Fais-moi vivre grâce à ton amour!
160 Avant tout, ta parole est vraie,
toutes tes décisions sont justes,
elles sont valables pour toujours.

161 Des chefs me font souffrir sans raison,
mais seules tes paroles me font peur.

162 Tes promesses me donnent de la joie,
comme si j'avais trouvé un grand trésor.
163 Je déteste le mensonge, il me dégoûte,
mais j'aime ta loi.
164 Sept fois par jour, je chante tes louanges
à cause de tes justes décisions.
165 Ceux qui aiment ta loi
connaissent une grande paix :
pour eux, plus d'obstacle.
166 Mon espoir, c'est que tu me sauveras, Seigneur,
j'obéis donc à tes commandements.
167 Je respecte tes ordres,
je les aime vraiment.
168 Oui, je respecte tes exigences et tes ordres,
tu peux voir comment je me conduis.

169 Seigneur, que mon cri arrive jusqu'à toi !
Apprends-moi à juger comme tu le demandes.
170 Que ma prière arrive jusqu'à toi,
délivre-moi comme tu l'as promis !
171 Que mes lèvres fassent jaillir la louange,
car tu m'apprends ce que tu veux !
172 Que ma bouche chante ta parole,
car tous tes commandements sont justes.
173 J'ai choisi de faire ce que tu veux,
tends-moi la main pour m'aider.
174 Seigneur, je veux que tu me sauves,
et ta loi fait toute ma joie.
175 Que je vive pour chanter ta louange,
que tes décisions me soient une aide !
176 Je vais ici et là comme une brebis perdue.
Viens me chercher, moi qui suis ton serviteur,
car je n'oublie pas tes commandements.

Seigneur, délivre-moi des menteurs !

120 *Chant de pèlerinage.*

Quand j'étais dans le malheur,
j'ai crié vers le Seigneur

et il m'a répondu.
2 « Seigneur, délivre-moi des menteurs,
de ceux qui trompent les autres ! »

3 Comment vous punir,
vous qui trompez les gens ?
4 — Avec des flèches de guerre et des charbons brûlants.

5 Quel malheur pour moi d'habiter comme étranger
parmi les barbares,
de vivre au milieu de gens cruels !
6 J'ai vécu trop longtemps
parmi ceux qui détestent la paix.
7 Quand je parle de paix,
eux, ils sont pour la guerre.

Qui pourra me secourir ?

121 *Chant de pèlerinage.*

Je lève les yeux vers les montagnes.
Qui pourra me secourir ?

2 Le secours me vient du Seigneur,
qui a fait le *ciel et la terre.
3 Qu'il t'empêche de glisser,
qu'il ne dorme pas, ton gardien !

4 Non, il ne ferme pas les yeux,
il ne dort pas, le gardien d'Israël.
5 Le Seigneur est ton gardien,
le Seigneur te protège, il est près de toi.
6 Pendant le jour,
le soleil ne te frappera pas,
pendant la nuit, la lune ne te fera aucun mal.
7 Le Seigneur te protégera de tout mal,
il veillera sur ta vie.
8 Le Seigneur veillera sur toi
depuis ton départ jusqu'à ton retour,
dès maintenant et pour toujours !

Demandez la paix pour Jérusalem !

122 *Chant de pèlerinage.*
De David.

Quelle joie quand on m'a dit :
« Allons à la maison du Seigneur ! »
2 Nous nous arrêtons devant tes portes, Jérusalem.
3 Jérusalem, quelle ville bien construite,
quel ensemble parfait !
4 C'est chez toi que les tribus d'Israël,
les tribus du Seigneur,
viennent en pèlerinage.
Elles viennent lui dire merci,
selon la coutume en Israël.
5 C'est chez toi que se trouve le siège des rois d'Israël,
c'est là qu'ils s'assoient pour rendre la *justice.

6 Demandez la paix pour Jérusalem !
« Qu'ils vivent tranquilles, ceux qui t'aiment !
7 Que la paix soit dans tes murs,
et le calme dans tes palais ! »

8 A cause de mes frères et de mes amis,
je te souhaite la paix.
9 A cause de la maison du Seigneur notre Dieu,
je demande pour toi le bonheur.

Seigneur, je lève les yeux vers toi

123 *Chant de pèlerinage.*

Seigneur, je lève les yeux vers toi,
vers toi qui es assis dans le *ciel.

2 Les esclaves ont les yeux fixés
sur la main de leur maître,
une servante regarde sans cesse la main de sa maîtresse.
De même, nous levons les yeux

vers le Seigneur notre Dieu,
en attendant son secours.

3 Aie pitié de nous, Seigneur, aie pitié de nous,
nous sommes écrasés de mépris.
4 C'est trop, nous sommes écrasés
sous les moqueries des gens riches,
sous le mépris des orgueilleux.

Notre secours, c'est le Seigneur lui-même

124

1-2 *Chant de pèlerinage.*
De David.

Des gens nous ont attaqués,
et sans le Seigneur qui nous a défendus...
Oui, Israël, répète-le encore !
« Sans le Seigneur qui nous a défendus »,
3 nos ennemis brûlants de colère
nous avalaient tout vivants.
4 L'eau nous noyait complètement,
un torrent nous entraînait,
5 et l'eau bouillonnante passait sur nous.

6 Merci au Seigneur !
Il ne nous a pas laissés comme une bête entre leurs dents.
7 Comme un oiseau,
nous avons pu nous sauver du filet des chasseurs,
le filet s'est déchiré, nous nous sommes sauvés.

8 Notre secours, c'est le Seigneur lui-même,
qui a fait le *ciel et la terre.

Ceux qui ont confiance dans le Seigneur ne tremblent pas

125

Chant de pèlerinage.

Ceux qui ont confiance dans le Seigneur
sont comme la montagne de *Sion :

elle ne tremble pas,
elle est là pour toujours.
2 Des montagnes entourent Jérusalem.
Ainsi le Seigneur entoure son peuple,
aujourd'hui et pour toujours.
3 Un mauvais roi ne pourra pas gouverner
le pays de ceux qui obéissent à Dieu.
Autrement, eux aussi auront envie de faire le mal.

4 Sois bon, Seigneur, pour ceux qui sont bons,
pour ceux qui ont le cœur *pur.

5 Mais ceux qui suivent des chemins tordus,
Seigneur, chasse-les avec ceux qui font du mal.

Paix sur Israël !

Nous étions comme dans un rêve

126 *Chant de pèlerinage.*

Quand le Seigneur a ramené les prisonniers
à Jérusalem,
nous étions comme dans un rêve.
2 Notre bouche était pleine de rires,
nous poussions des cris de joie.
Chez les autres peuples, on disait :
« Le Seigneur a fait beaucoup pour eux ! »
3 Oui, le Seigneur a fait beaucoup pour nous,
et nous sommes dans la joie.

4 Seigneur, fais revenir nos prisonniers,
comme l'eau dans le désert du Néguev.

5 Ceux qui sèment dans les larmes
récoltent en chantant.
6 Le paysan s'en va, il s'en va en pleurant,
chargé du sac de graines.
Il revient, il revient en chantant,
chargé de sa récolte.

Si le Seigneur ne construit pas la maison

127

Chant de pèlerinage.
De Salomon.

Si le Seigneur ne construit pas la maison,
les maçons travaillent pour rien!
Si le Seigneur ne garde pas la ville,
le gardien la garde pour rien!
2 Pour rien, vous vous levez très tôt,
pour rien, vous vous couchez très tard,
et pour rien, vous vous fatiguez
à gagner votre nourriture.
Le Seigneur en donne autant
à son ami très cher pendant qu'il dort.

3 Mais oui, les enfants sont un trésor,
la récompense donnée par le Seigneur.
4 Les fils qu'un père reçoit dans sa jeunesse
sont comme des flèches dans la main d'un combattant.
5 Il est heureux,
l'homme qui a rempli sa maison de telles armes!
Quand il se défendra contre ses ennemis
aux portes de la ville[t],
il ne sera pas couvert de honte.

Ils sont bénis, ceux qui respectent le Seigneur!

128

Chant de pèlerinage.

Ils sont heureux,
ceux qui respectent le Seigneur
et qui vivent comme il le demande.
2 Oui, c'est toi qui profiteras
du résultat de ton travail.
Tu seras heureux, tout ira bien pour toi.

t **127.5** *Autrefois, les villes étaient fermées par des portes.
C'est là qu'on traitait les affaires, qu'on rendait la justice.*

3 Dans ta maison,
ta femme sera comme une *vigne couverte de *raisin.
Tes fils seront comme de jeunes *oliviers
autour de ta table.
4 Voilà la bénédiction
de celui qui respecte le Seigneur.

5 Que le Seigneur te bénisse depuis le Temple de *Sion !
Tu verras le bonheur de Jérusalem
tous les jours de ta vie,
6 et tu verras les enfants de tes enfants.

Paix sur Israël !

On m'a beaucoup attaqué depuis ma jeunesse

129 *Chant de pèlerinage.*

On m'a beaucoup attaqué depuis ma jeunesse.
Oui, Israël, répète-le encore !
2 « On m'a beaucoup attaqué depuis ma jeunesse »,
mais ils n'ont rien pu faire contre moi.
3 Sur mon dos, des laboureurs ont labouré,
ils ont tracé dessus de longs sillons.
4 Des gens mauvais nous tenaient prisonniers.
Mais le Seigneur est fidèle,
il a cassé leurs chaînes.

5 Les ennemis de Jérusalem,
qu'ils soient couverts de honte
et qu'ils repartent !
6 Qu'ils deviennent comme l'herbe des toits !
Elle n'a pas encore fini de pousser, elle a déjà séché !
7 Celui qui la coupe ne remplit même pas une main,
celui qui la ramasse ne peut la tenir dans ses bras !
8 Les passants ne peuvent pas dire :
« Que le Seigneur vous bénisse ! »

Nous vous bénissons au nom du Seigneur !

J'attends le Seigneur de tout mon cœur

130 *Chant de pèlerinage.*

Du fond du malheur, je fais appel à toi, Seigneur,
2 Seigneur, écoute mon appel,
sois attentif quand je crie vers toi !
3 Seigneur, si tu gardes les fautes dans ta mémoire,
qui pourra tenir debout ?
4 Mais toi, tu peux pardonner,
pour cela, on doit te respecter.

5 J'attends le Seigneur,
je l'attends de tout mon cœur,
j'ai confiance en sa parole.
6 Mon cœur attend plus sûrement le Seigneur,
qu'un veilleur n'attend le matin,
oui, plus qu'un veilleur n'attend le matin.

7 Peuple d'Israël, attends le Seigneur avec espoir,
car il est bon,
il peut te délivrer de mille manières.
8 C'est lui qui délivrera Israël de toutes ses fautes.

Comme un petit enfant

131 *Chant de pèlerinage.*
De David.

Seigneur, mon cœur n'est pas orgueilleux,
je ne regarde pas les gens de haut.
Je ne cherche pas à faire des choses extraordinaires
ni des actions magnifiques qui me dépassent.
2 Mais je reste calme et tranquille,
comme un enfant sevré sur le sein de sa mère.
Comme ce petit enfant, je suis calme et tranquille.

3 Israël, attends le Seigneur avec espoir,
dès maintenant et pour toujours !

Le Seigneur a choisi Jérusalem pour y habiter

132

Chant de pèlerinage.

Seigneur, souviens-toi de David
et de toutes ses souffrances.

2 David a fait un serment au Seigneur.
Voici la promesse qu'il a faite
au Dieu Puissant de *Jacob :
3 « Je n'entrerai plus dans la tente où j'habite,
je ne coucherai plus dans mon lit.
4 Mes yeux ne se fermeront plus pour dormir,
mes paupières ne se reposeront plus.
5 Oui, je veux d'abord trouver une place
pour le Seigneur,
une maison pour le Dieu Puissant de Jacob[u]. »

6 Voici ce que nous avons appris :
le *coffre de l'alliance est à Éfrata.
Nous l'avons trouvé près de Yaar[v].
7 Entrons dans la maison du Seigneur !
Mettons-nous à genoux
au pied de son siège de roi !
8 Seigneur, viens te reposer ici,
viens avec le coffre de l'alliance
qui montre ta puissance.
9 Que la force de ton salut
couvre tes prêtres comme d'un vêtement,
que tes amis fidèles crient de joie !
10 A cause de David ton serviteur,
ne repousse pas le roi que tu as choisi.

11 Le Seigneur a fait un serment à David.
Oui, c'est sûr, il le respectera.

u **132.5** *Voir 2 Samuel 7.2-3.*

v **132.6** *Voir 1 Samuel 5.1 — 7.1 ; 2 Samuel 6.1-19.*

Ce serment, le voici :
« Je mettrai un de tes enfants
sur ton siège de roi.
12 Si tes fils gardent mon *alliance
et les ordres que je leur donne,
leurs enfants s'assoiront à leur tour
sur ton siège de roi pour toujours. »

13 Oui, le Seigneur a choisi Jérusalem,
c'est là qu'il a voulu habiter.
14 Il a dit :
« Je me reposerai toujours ici.
J'habiterai dans cette ville,
c'est elle que j'ai voulue.
15 Je remplirai de nourriture les greniers de Jérusalem,
je donnerai à manger à ses pauvres.
16 J'habillerai ses prêtres avec la force de mon salut,
et ses amis fidèles pousseront des cris de joie.
17 A Jérusalem, je ferai naître un roi puissant
dans la famille de David.
Je préparerai une lampe allumée,
un successeur au roi que j'ai choisi.
18 Je couvrirai ses ennemis de honte,
mais lui portera sur la tête une couronne brillante. »

Quel bonheur d'être ensemble !

133 *Chant de pèlerinage.*
De David.

Quel bonheur, quelle douceur
pour des frères d'être ensemble !
2 C'est comme l'huile parfumée
sur la tête *d'Aaron,
qui descend jusqu'à sa barbe,
jusqu'au bord de ses vêtements.
3 C'est comme les gouttes de rosée,
de la montagne de l'Hermon,
qui descendent sur la colline,
sur la colline de *Sion.

C'est là que le Seigneur donne sa bénédiction,
la vie pour toujours.

Serviteurs du Seigneur, rendez gloire au Seigneur !

134 *Chant de pèlerinage.*

Allons ! Dites merci au Seigneur,
vous tous qui servez le Seigneur,
vous qui vous tenez dans sa maison
pendant les heures de la nuit !

2 Levez vos mains vers le *lieu saint
et remerciez le Seigneur !

3 Que le Seigneur vous bénisse depuis le Temple de Jérusalem,
lui qui a fait le *ciel et la terre !

Seigneur, on entendra toujours parler de toi

135 Chantez les louanges du Seigneur !

Chantez le nom du Seigneur,
chantez ses louanges, vous ses serviteurs
2 qui vous tenez dans le Temple du Seigneur,
dans les cours de la maison de notre Dieu !
3 Chantez le Seigneur, car il est bon,
jouez pour son nom, car il est aimable.
4 Le Seigneur a choisi pour lui le peuple de *Jacob,
il a pris Israël comme son trésor.

5 Oui, je le sais, le Seigneur est grand,
notre maître est au-dessus de tous les dieux.
6 Le Seigneur fait tout ce qu'il veut,
dans le *ciel et sur la terre,
dans les mers et dans les profondeurs.
7 Il soulève les nuages du bout du monde,
il lance les éclairs pour faire tomber la pluie,
il tire le vent qu'il gardait en réserve.

8 C'est le Seigneur qui a frappé
les fils aînés des Égyptiens,
les premiers-nés de leurs animaux.
9 Au milieu de toi, Égypte,
il a agi de façon extraordinaire et étonnante
contre le *Pharaon et tous ses serviteurs[w].
10 Il a frappé des peuples nombreux,
il a tué des rois puissants :
11 Sihone, roi des *Amorites, Og, roi du Bachane[x],
et tous les rois de Canaan.
12 Le Seigneur a donné leurs pays en partage,
en partage à Israël, son peuple.

13 Seigneur, on entendra toujours parler de toi,
Seigneur, on se souviendra de toi
de génération en génération.
14 Oui, le Seigneur fait *justice à son peuple,
il a pitié de ceux qui le servent.

15 Les dieux des autres peuples sont en argent et en or.
Ils sont fabriqués par des hommes.
16 Ces statues ont une bouche,
mais elles ne parlent pas.
Elles ont des yeux,
mais elles ne voient pas.
17 Elles ont des oreilles,
mais elles n'entendent pas.
Aucun son ne sort de leur bouche.
18 Ceux qui les ont faites,
ceux qui mettent leur confiance en elles,
qu'ils soient comme ces statues !

19 Tribus d'Israël,
remerciez le Seigneur !
Famille *d'Aaron,
remerciez le Seigneur !

w **135.9** *Voir Exode 7—11.*

x **135.11** *Voir Nombres 21.21-35 ; Psaume 22.13 et la note.*

20 Famille des *lévites, remerciez le Seigneur !
Vous qui respectez le Seigneur,
remerciez le Seigneur !
21 Depuis Jérusalem, remerciez le Seigneur
qui habite sur la montagne de *Sion !

Chantez les louanges du Seigneur !

Oui, l'amour du Seigneur est pour toujours

136 Dites merci au Seigneur, car il est bon !
—Oui, son amour est pour toujours !
2 Dites merci à Dieu, le plus grand de tous les dieux !
— Oui, son amour est pour toujours !
3 Dites merci au Seigneur,
le plus puissant de tous les maîtres !
— Oui, son amour est pour toujours !

4 Lui seul a fait des choses étonnantes !
— Oui, son amour est pour toujours !
5 Il a fait le *ciel avec sagesse.
— Oui, son amour est pour toujours !
6 Il a étendu la terre au-dessus de l'eau.
— Oui, son amour est pour toujours !
7 Il a fait les grandes lumières,
— Oui, son amour est pour toujours !
8 le soleil pour gouverner sur le jour,
— Oui, son amour est pour toujours !
9 la lune et les étoiles pour gouverner sur la nuit.
— Oui, son amour est pour toujours !

10 Il a fait mourir les fils aînés des Égyptiens.
— Oui, son amour est pour toujours !
11 Il a fait sortir d'Égypte Israël, son peuple.
— Oui, son amour est pour toujours !
12 Il a fait cela par sa grande puissance.
— Oui, son amour est pour toujours !
13 Il a coupé en deux la mer des Roseaux.
— Oui, son amour est pour toujours !
14 Il a fait passer Israël au milieu d'elle.

— Oui, son amour est pour toujours !
15 Il a renversé le *Pharaon et son armée
dans la mer des Roseaux[y].
— Oui, son amour est pour toujours !
16 Il a conduit son peuple à travers le désert.
— Oui, son amour est pour toujours !
17 Il a frappé de grands rois.
— Oui, son amour est pour toujours !
18 Il a tué des rois puissants :
— Oui, son amour est pour toujours !
19 Sihone, roi des *Amorites,
— Oui, son amour est pour toujours !
20 et Og, roi du Bachane[z].
— Oui, son amour est pour toujours !
21 Il a donné leur pays en partage à son peuple,
— Oui, son amour est pour toujours !
22 il l'a donné en partage à Israël, son serviteur !
— Oui, son amour est pour toujours !

23 Dans notre malheur, il a pensé à nous.
— Oui, son amour est pour toujours !
24 Il nous a délivrés de nos ennemis.
— Oui, son amour est pour toujours !
25 Il donne à manger à tous les êtres vivants.
— Oui, son amour est pour toujours !
26 Dites merci au Dieu du ciel !
— Oui, son amour est pour toujours !

Comment chanter pour le Seigneur dans un pays étranger ?

137 Là-bas, au bord des fleuves de Babylone,
nous étions assis et nous pleurions
en nous souvenant de Jérusalem.
2 Aux arbres qui étaient là,
nous avions pendu nos *harpes.

y **136.10-15** *Voir Exode 12.29,51 ; 13.3 ; 14.15-29.*

z **136.19-20** *Voir 22.13 et la note ; 135.11-12 et la note.*

3 Alors ceux qui nous avaient déportés
nous ont demandé de chanter.
Ceux qui nous torturaient
nous ont demandé des chants joyeux.
Ils disaient : « Chantez-nous un des chants de Jérusalem ! »
4 Comment chanter pour le Seigneur
dans un pays étranger ?

5 Jérusalem, si je t'oublie,
que ma main droite m'oublie !
6 Si je ne pense plus à toi,
si Jérusalem n'est pas tout mon bonheur,
que ma langue reste collée dans ma bouche !

7 Seigneur, rappelle-toi ce que les Édomites ont dit
le jour où Jérusalem a été prise :
« Rasez la ville, rasez-la jusqu'à ses fondations ! »
8 Ville de Babylone, tu vas être détruite !
Ils sont heureux,
ceux qui te rendront le mal que tu nous as fait !
9 Ils sont heureux, ceux qui saisiront tes jeunes enfants
pour les écraser contre le rocher !

Seigneur, merci !

138 *De David.*

Seigneur, je te dis merci de tout mon cœur,
je te chante devant les dieux.
2 Je me mets à genoux devant ton Temple *saint,
je te dis merci pour ton amour et ta fidélité.
Oui, tu as tenu tes promesses
au-delà de ce que nous attendions de toi.
3 Quand je t'ai appelé, tu m'as répondu,
tu m'as rempli de courage et de force.

4 Seigneur, tous les rois de la terre te diront merci,
car ils entendront les paroles de ta bouche.
5 Ils chanteront tes actions en disant :
« La *gloire du Seigneur est grande !

6 Le Seigneur est là-haut,
mais il voit les gens simples,
et les orgueilleux, il les reconnaît de loin. »

7 Si je suis très malheureux,
tu me rends la vie malgré mes ennemis en colère.
Tu étends ta main et tu me sauves par ta puissance.
8 Le Seigneur finira ce qu'il a commencé pour moi.
Seigneur, ton amour est pour toujours,
n'abandonne pas ceux que tes mains ont formés !

Seigneur, tu me connais parfaitement

139 *Psaume de David,*
pris dans le livre du chef de chorale.

Seigneur, tu regardes jusqu'au fond de mon cœur
et tu me connais.
2 Tu sais quand je m'assois et quand je me lève,
longtemps d'avance, tu sais ce que je pense.
3 Tu sais quand je marche et quand je me couche,
et tu connais toutes mes actions.
4 Je n'ai pas encore ouvert la bouche,
tu sais déjà tout ce que je vais dire !
5 Tu es derrière moi, tu es aussi devant moi,
tu poses ta main sur moi.
6 Tu me connais parfaitement.
Pour moi, c'est trop beau,
cela dépasse tout ce que je peux comprendre.

7 Où aller loin de toi ?
Où fuir loin de ton regard ?
8 Si je monte au *ciel, tu es là,
si je me couche au milieu des morts, te voici.
9 Si je m'envole sur les ailes du matin
pour aller au-delà des mers,
10 même là, tu me conduis par la main
et tu me tiens solidement.
11 Je peux dire :
« Je veux me cacher complètement dans l'obscurité.

Que le jour devienne nuit autour de moi ! »
12 Mais pour toi, même l'obscurité est lumière,
et la nuit est claire comme le jour.
Obscurité ou lumière, pour toi c'est la même chose.

13 C'est toi qui as créé ma *conscience,
c'est toi qui m'as tissé dans le ventre de ma mère.
14 Seigneur, je te dis merci parce que tu m'as créé.
Oui, mon corps est étonnant et très beau.
Ce que tu fais est magnifique, je le reconnais.
15 Quand tu me formais dans le secret,
quand tu me brodais dans la profondeur de la terre,
tu voyais tout, rien n'était caché pour toi.
16 J'étais à peine formé, tu me voyais déjà !
Déjà, tu avais écrit dans ton livre
le nombre de jours que tu allais me donner,
et pourtant, aucun n'avait encore commencé !

17 O Dieu, tes pensées sont vraiment difficiles,
elles sont si nombreuses !
18 Comment les compter ?
Elles sont plus nombreuses que les grains de sable.
Même si je les comptais toutes,
je n'arriverais pas à te comprendre !

19 O Dieu, si seulement tu faisais mourir les gens mauvais,
si tu chassais loin de moi les assassins !
20 Ils utilisent ton nom pour tromper les autres,
ils s'en servent pour faire du mal.
21 Seigneur, je déteste ceux qui te détestent.
Ceux qui luttent contre toi me dégoûtent.
22 Je les déteste totalement,
ils sont devenus pour moi des ennemis.

23 O Dieu, regarde au fond de mon cœur
et connais-moi,
examine mes pensées et vois mes soucis.
24 Regarde si je suis sur un chemin dangereux,
et conduis-moi sur ton chemin,
ce chemin qui est toujours le même.

Protège-moi contre les hommes violents !

140

Psaume de David,
pris dans le livre du chef de chorale.

2 Seigneur, délivre-moi des méchants,
protège-moi contre les hommes violents !
3 Dans leur cœur, ils préparent de mauvais coups,
tous les jours, ils provoquent des disputes.
4 Leur langue est aussi pointue que la langue des serpents,
ils ont dans la bouche du venin de vipère.
5 Seigneur, empêche-moi
de tomber entre les mains des gens mauvais.
Protège-moi contre les hommes violents
qui pensent à me faire tomber.
6 Des orgueilleux ont caché un piège devant moi.
Pour me prendre, ils ont tendu des cordes et un filet,
ils ont placé des pièges au bord du chemin.

7 J'ai dit au Seigneur : « Tu es mon Dieu.
Seigneur, écoute-moi quand je crie vers toi !
8 Seigneur, mon maître, tu es la force qui me sauve,
tu protèges ma tête pendant le combat.
9 Seigneur, n'écoute pas les demandes des gens mauvais,
ne fais pas réussir leurs projets ! »
10 Ceux qui m'attaquent de tous côtés disent des paroles méchantes.
Eh bien, qu'elles retombent sur leur tête !

11 Que des charbons brûlants pleuvent sur eux !
Qu'on les jette dans le feu, dans des trous profonds,
et qu'ils n'en sortent plus !
12 Ceux qui disent du mal des autres
ne doivent pas rester dans le pays.
Que le malheur chasse sans pitié les hommes violents !

13 Je le sais, le Seigneur fera *justice aux malheureux,
il donnera raison aux pauvres.
14 Oui, ceux qui t'obéissent, Seigneur, te diront merci,
ceux qui ont le cœur *pur resteront sous ton regard.

Seigneur, surveille ma bouche !

141

Psaume de David.

Seigneur, je fais appel à toi,
viens vite près de moi !
Écoute-moi : je t'appelle !
2 Que ma prière soit
comme *l'encens qui monte vers toi !
Que mes mains levées soient
comme le *sacrifice du soir !

3 Seigneur, surveille ma bouche,
garde la porte de mes lèvres.
4 Ne laisse pas mon cœur
dire des paroles méchantes,
ni faire du mal avec ceux qui font du mal.
Je ne veux pas participer à leurs plaisirs.
5 Quelqu'un qui obéit à Dieu peut me frapper
et me corriger par amitié.
Mais les gestes d'amitié des gens mauvais,
je les refuse.
Pourtant, je veux continuer à prier
malgré le mal qu'ils font.

6 Quand on jettera leurs chefs contre un rocher,
mes ennemis verront que je disais la vérité.
7 Comme un sillon ouvre la terre
au moment des labours,
le monde des morts s'ouvrira
pour avaler leurs os répandus de tous côtés.

8 Je tourne les yeux vers toi, Seigneur mon maître.
Mon abri, c'est toi : garde-moi en vie !
9 Protège-moi du piège que ces gens-là m'ont tendu,
des obstacles dressés par ceux qui font du mal !

10 Les gens mauvais tomberont dans leurs pièges,
mais moi, je pourrai passer.

Seigneur, tu sais où je vais

142 *Enseignement de David.*
Prière quand il était dans l'abri d'un rocher[a].

2 A pleine voix, je fais appel au Seigneur,
à pleine voix, je crie vers le Seigneur.
3 Je lui présente ma plainte, je lui raconte mon malheur.
4 Quand je suis découragé, toi, tu sais où je vais.
Sur la route où je marche, on m'a tendu un piège.
5 Regarde à ma droite et vois : personne ne me reconnaît.
Je ne sais plus où me réfugier,
personne ne s'occupe de moi.

6 J'ai crié vers toi, Seigneur,
j'ai dit : « C'est toi mon abri,
mon trésor sur la terre des vivants ! »
7 Sois attentif à mon cri, je suis très malheureux.
Délivre-moi de ceux qui me poursuivent,
ils sont plus forts que moi.
8 Fais-moi sortir de prison, alors je te dirai merci.
Ceux qui obéissent à Dieu se réuniront autour de moi,
car tu m'as fait du bien.

Dès le matin, montre-moi ton amour, Seigneur !

143 *Psaume de David.*

Seigneur, écoute ma prière,
sois attentif quand je crie vers toi !
Toi qui es fidèle et *juste, réponds-moi !
2 Je suis ton serviteur, ne me fais pas de procès,
car personne n'est juste devant toi.

3 Mon ennemi m'a poursuivi,
il m'a jeté par terre pour m'écraser.

a **142.1** *Voir 1 Samuel 24.*

Il m'a fait vivre dans la nuit,
comme ceux qui sont morts depuis longtemps.
4 Je suis découragé, j'ai perdu tout espoir.
5 Je me souviens du passé,
je me redis tout ce que tu as fait,
je réfléchis à tes actions.
6 Je lève les mains vers toi,
je suis devant toi comme une terre qui manque d'eau.

7 Vite, réponds-moi, Seigneur,
je suis complètement découragé !
Ne me cache pas ton visage,
sinon, je vais ressembler à ceux
qui descendent dans la tombe.
8 Dès le matin, montre-moi ton amour,
car j'ai confiance en toi.
Fais-moi connaître le chemin à suivre,
car je me tourne vers toi.
9 Je me suis caché près de toi, Seigneur,
délivre-moi de mes ennemis !
10 C'est toi qui es mon Dieu,
apprends-moi à faire ce qui te plaît.
Que ton Esprit me guide avec bonté sur une terre sans obstacle !
11 Seigneur, rends-moi la vie pour la *gloire de ton nom !
Toi qui es fidèle, tu me tireras du malheur.
12 Grâce à ton amour, tu détruiras mes ennemis.
Tu feras mourir tous ceux qui sont contre moi,
car je suis ton serviteur.

Il est heureux, le peuple qui a le Seigneur comme Dieu !

144

De David.

Merci au Seigneur, mon solide rocher !
Il m'apprend à lutter, il me prépare au combat.
2 Le Seigneur est mon protecteur et mon défenseur.
Il me protège avec puissance et il me libère,
il est le *bouclier qui m'abrite.
C'est lui qui met les peuples sous mes pieds.

3 Seigneur, qu'est-ce que l'homme
pour que tu fasses attention à lui ?
Qu'est-ce qu'un être humain
pour que tu penses à lui ?
4 L'homme n'est qu'un souffle,
sa vie ressemble à une ombre qui passe.

5 Seigneur, abaisse ton *ciel et descends,
touche les montagnes,
qu'elles soient couvertes de fumée !
6 Lance des éclairs
et chasse tes ennemis de tous côtés.
Envoie tes flèches,
et qu'ils fuient en tous sens !
7 Tends-moi la main du haut du ciel,
sauve-moi et délivre-moi de l'eau puissante,
de la main des étrangers.
8 Ils mentent, ils jurent de dire la vérité,
mais ils ne tiennent pas leurs promesses.

9 O Dieu, je veux te chanter un chant nouveau,
jouer pour toi sur la *harpe à dix cordes.
10 C'est toi qui donnes la victoire aux rois,
c'est toi qui sauves de *l'épée cruelle
David, ton serviteur.
11 Sauve-moi, délivre-moi de la main des étrangers !
Ils mentent, ils jurent de dire la vérité,
mais ils ne tiennent pas leurs promesses.

12 Nos fils sont comme des arbres
qui ont poussé facilement depuis leur jeunesse.
Nos filles ressemblent aux colonnes sculptées
qui décorent les maisons des rois.
13 Nos greniers débordent,
remplis de toutes sortes de biens.
Nos moutons se multiplient mille fois,
même dix mille fois dans nos champs.
14 Nos bœufs sont bien gras.
Il n'y a pas de trous dans nos murs,
plus de départs en exil,

on n'entend plus de cris de douleur sur nos places.
15 Il est heureux, le peuple qui possède tout cela,
il est heureux, le peuple qui a le Seigneur comme Dieu !

Mon Dieu, ton royaume durera toujours

145 *Chant de louange de David.*

Mon Dieu, mon roi, je veux chanter ta grandeur,
je veux te remercier toujours et pour toujours.
2 Tous les jours, je veux te dire merci
et chanter tes louanges, toujours et pour toujours.
3 Le Seigneur est grand, il mérite des louanges,
on ne peut mesurer sa grandeur.

4 Chaque génération vantera tes actions à la suivante,
elle racontera tes exploits.
5 Je redirai la beauté lumineuse de ta *gloire,
je répéterai tes actions étonnantes.
6 On parlera de ta puissance terrible,
et je raconterai les choses extraordinaires
que tu as faites.
7 On se souviendra de ton immense bonté,
on criera de joie pour ta fidélité.

8 Le Seigneur est rempli de pitié et de tendresse,
il est patient et plein d'amour.
9 Le Seigneur est bon pour tous,
il aime avec tendresse tous ceux qu'il a créés.
10 Seigneur, ceux que tu as créés
chanteront tes louanges tous ensemble,
et tes amis fidèles te diront merci.
11 Ils parleront de la gloire de ton royaume,
ils raconteront tes exploits.
12 Ainsi, ils feront connaître aux autres tes exploits
et la gloire magnifique de ton royaume.

13 Ton royaume est un royaume sans fin
et ton pouvoir de roi durera
de génération en génération.

Dieu est fidèle dans toutes ses promesses,
il montre son amour dans tout ce qu'il fait.
14 Le Seigneur soutient tous ceux qui tombent,
il remet debout tous ceux qui sont faibles.
15 Tous regardent vers toi avec confiance,
et toi, tu leur donnes la nourriture au bon moment.
16 Tu ouvres ta main
et tu donnes à tous les êtres vivants ce qu'ils désirent.
17 Le Seigneur est fidèle dans toutes ses actions,
il montre son amour dans tout ce qu'il fait.
18 Il est proche de tous ceux qui l'appellent,
de tous ceux qui l'appellent sincèrement.
19 A ceux qui le respectent,
il donne ce qu'ils désirent,
il écoute leurs cris et les sauve.
20 Le Seigneur protège tous ceux
qui ont de l'amour pour lui,
mais il détruit tous les gens mauvais.

21 Je chanterai les louanges du Seigneur,
et tout ce qui vit remerciera le Dieu *saint,
toujours et pour toujours.

Le Seigneur protège les gens simples

146 Chantez les louanges du Seigneur!

Je veux chanter les louanges du Seigneur!
2 Toute ma vie, je veux chanter ses louanges,
je veux jouer pour mon Dieu,
tant que je vivrai.

3 Ne mettez pas votre confiance dans les grands de ce monde.
Ils ne sont que des hommes, ils ne peuvent pas sauver.
4 Quand ils meurent, ils retournent dans la terre,
et ce jour-là, leurs projets meurent avec eux.

5 Il est heureux,
celui qui s'appuie sur le Dieu de *Jacob,
qui met sa confiance dans le Seigneur son Dieu!

6 C'est le Seigneur qui a fait le *ciel et la terre,
la mer et tout ce qu'ils contiennent.
Il est toujours fidèle à ses promesses.
7 Il fait *justice à ceux qu'on écrase,
il donne à manger à ceux qui ont faim.
Le Seigneur libère les prisonniers,
8 le Seigneur ouvre les yeux des aveugles,
le Seigneur remet debout ceux qui sont faibles,
le Seigneur aime ceux qui lui obéissent.
9 Le Seigneur protège les étrangers.
Il soutient la veuve et l'orphelin,
mais il fait échouer les gens mauvais.

10 Le Seigneur est roi pour toujours.
Jérusalem, le Seigneur est ton Dieu,
de génération en génération.

Chantez les louanges du Seigneur !

Notre Seigneur est grand et très puissant

147 Chantez les louanges du Seigneur !

C'est une bonne chose de chanter notre Dieu,
oui, c'est agréable de chanter ses louanges !
2 Le Seigneur reconstruit Jérusalem,
il rassemble les déportés d'Israël.
3 Il guérit ceux qui ont le cœur brisé
et il soigne leurs blessures.
4 Il compte toutes les étoiles,
il appelle chacune par son nom.
5 Notre Seigneur est grand et très puissant,
son intelligence n'a pas de limite.
6 Le Seigneur relève les malheureux,
mais il abaisse jusqu'à terre les gens mauvais.

7 Remerciez le Seigneur en chantant,
jouez pour notre Dieu sur la *cithare !
8 C'est lui qui couvre le *ciel de nuages,

il prépare la pluie pour la terre,
il fait pousser l'herbe sur les montagnes.
9 Il donne leur nourriture aux troupeaux
et aux petits du corbeau qui la réclament.
10 Ce n'est pas la force du cheval qui lui plaît,
ni les exploits du coureur.
11 Mais les gens qui le respectent,
qui comptent sur son amour,
voilà ceux qui lui plaisent.

12 Jérusalem, chante la *gloire du Seigneur !
Ville de *Sion, chante les louanges de ton Dieu !
13 Il a rendu solides les serrures de tes portes.
A l'intérieur de tes murs,
il a fait du bien à tes habitants.
14 Il protège tes frontières,
et tu peux vivre dans la paix.
Il te donne les meilleures récoltes.
15 Le Seigneur envoie ses ordres sur la terre,
et sa parole court aussitôt.
16 Alors il fait tomber la neige,
comme le coton au moment de la récolte.
Il répand le givre[b] comme de la cendre.
17 Il fait pleuvoir des cailloux de glace.
Devant ce froid, qui peut résister ?
18 Le Seigneur donne un ordre,
et aussitôt ils fondent.
Quand il envoie le vent, les ruisseaux coulent.
19 Il découvre ses paroles à son peuple,
ses ordres et ses décisions à Israël.
20 Cela, il ne l'a jamais fait pour les autres peuples,
ils ne connaissent pas ses décisions.

Chantez les louanges du Seigneur !

b **147.16** *Neige : voir 68.15 et la note.*
Le givre est une fine couche de glace.

Chantez les louanges du Seigneur dans le ciel et sur la terre !

148 Chantez les louanges du Seigneur !

Chantez les louanges du Seigneur, du haut du *ciel,
chantez pour lui, dans les hauteurs !
2 Chantez ses louanges, tous ses *anges,
chantez ses louanges, toutes ses armées[c] !
3 Chantez ses louanges, soleil et lune,
chantez ses louanges, toutes les étoiles de lumière !
4 Chantez ses louanges, vous les hauteurs du ciel
et toute l'eau qui est au-dessus du ciel !
5 Que tous chantent les louanges du Seigneur !
Oui, il a donné un ordre et ils ont été créés.
6 Il leur a fixé une place pour toujours,
il a imposé une loi qui ne passera pas.

7 Depuis la terre, chantez les louanges du Seigneur !
Océans et grands animaux des mers,
8 feu et grêle, neige[d] et brouillard,
vent de tempête qui obéis à sa parole,
chantez les louanges du Seigneur !
9 Montagnes et toutes les collines,
arbres fruitiers et tous les *cèdres,
10 animaux sauvages et tous les troupeaux,
serpents et oiseaux,
chantez les louanges du Seigneur !
11 Rois de la terre et tous les peuples,
chefs et tous les dirigeants du monde,
chantez ses louanges !
12 Jeunes gens et jeunes filles,
jeunes et vieux,
chantez ses louanges !

c **148.2** *Les anges forment les armées du ciel.*

d **148.8** *Grêle : voir 18.13 et la note.*
Neige : voir 68.15 et la note.

13 Chantez les louanges du Seigneur!
Lui seul a un grand nom,
sa beauté s'étend sur la terre et sur le ciel.
14 Il a rendu son peuple puissant et fier.
C'est pourquoi ils chantent ses louanges,
tous ses amis fidèles, les *Israélites,
le peuple qui est proche de lui!

Chantez les louanges du Seigneur!

Chantez pour le Seigneur un chant nouveau!

149 Chantez les louanges du Seigneur!

Chantez pour le Seigneur un chant nouveau,
dans l'assemblée de ses amis fidèles,
chantez ses louanges!
2 Israël, réjouis-toi, il est ton créateur.
Habitants de Jérusalem, soyez dans la joie,
il est votre roi!
3 Rendez *gloire au Seigneur en dansant,
jouez pour lui de la *harpe et du *tambourin.
4 Oui, le Seigneur se plaît au milieu de son peuple.
Les gens simples,
il les honore en leur sauvant la vie.

5 Que les fidèles amis de Dieu
dansent de joie en lui rendant gloire!
Même quand ils sont couchés, qu'ils crient de joie!
6 Que leur bouche soit pleine des louanges de Dieu!
Qu'ils tiennent à la main une *épée coupante!
7 Alors ils rendront aux autres peuples le mal qu'ils ont fait,
ils les puniront.
8 Ils attacheront leurs rois avec des chaînes
et leurs chefs avec des liens en fer.
9 Ils appliqueront contre eux le jugement de Dieu,
comme il est écrit.
C'est un honneur pour tous ses amis fidèles.

Chantez les louanges du Seigneur!

Que tout ce qui vit chante les louanges du Seigneur !

150 Chantez les louanges du Seigneur !

Chantez les louanges de Dieu dans son Temple *saint,
chantez ses louanges dans le *ciel,
au royaume de sa puissance !
2 Chantez ses louanges pour ses exploits,
chantez ses louanges pour toute sa grandeur !

3 Chantez ses louanges au son de la trompette,
chantez ses louanges avec la *harpe et la *cithare !
4 Chantez ses louanges en dansant au rythme du *tambourin,
chantez ses louanges avec la guitare et la *flûte !
5 Chantez ses louanges avec les *cymbales bruyantes,
chantez ses louanges avec les cymbales de fanfare !

6 Que tout être vivant chante les louanges du Seigneur !
Chantez les louanges du Seigneur !

VOCABULAIRE

VOCABULAIRE

Aaron : Aaron est le frère de Moïse. Dieu l'a choisi pour être l'ancêtre de tous les prêtres juifs (Exode 28.1-5).

Alliance : 1. Dieu fait alliance avec un homme ou un peuple quand il le choisit pour être avec lui. L'homme ou le peuple choisi doit alors respecter les règles de cette alliance.
2. Dans le Premier *Testament, Dieu a fait alliance avec Noé, Abraham, Isaac, Jacob et avec le peuple d'Israël.

Amorites : Les Amorites étaient des habitants de l'ancienne Palestine. Avant l'arrivée des Israélites, il y avait aussi d'autres populations en Palestine : les Amalécites, les Guirgachites, les Hittites, les Hivites, les Horites, les Jébusites et les Perizites.

Ancien : Un ancien est un responsable religieux.

Ange : Un ange est un messager de Dieu.

Autel : Un autel est une table en pierre où l'on offre les sacrifices. Dans le Temple de Jérusalem, il y avait deux autels : un pour les sacrifices d'animaux et un pour les offrandes de parfum.

Blé : Le blé est une céréale comme le riz ou le mil.

Bouclier : Un bouclier est une arme qui protège un combattant. Il était formé habituellement d'une grande plaque en bois.

Cèdre : Le cèdre est un arbre très beau qui peut être haut de 30 mètres. Il vit très vieux. Autrefois, il poussait sur les montagnes du Liban.

Chérubins : Les chérubins sont des animaux mystérieux. Ils ressemblent à des lions, ils portent des ailes et ont un visage humain. Quand on a fait le *coffre de l'alliance, on a placé deux chérubins en or aux deux bouts du couvercle du coffre. Ils étaient en face l'un de l'autre et couvraient le couvercle de leurs ailes. Ces statues indiquaient que Dieu était présent à cet endroit.

Ciel : 1. Le ciel désigne d'abord la région de l'univers située au-dessus de la terre.

2. Dans les Livres *Saints, ce mot peut désigner aussi le lieu où Dieu est roi.
3. Enfin, quelquefois le ciel peut désigner Dieu lui-même.

Cithare : Voir *Instruments de musique.

Coffre de l'alliance : C'était un coffre en bois qui contenait les deux pierres sur lesquelles la *loi de Moïse était écrite. Il représentait la présence de Dieu parmi son peuple.

Colère de Dieu : Cette expression veut dire que Dieu ne peut absolument pas accepter les péchés. C'est pourquoi il juge les êtres humains qui les commettent.

Colombe : La colombe est un oiseau de la famille des pigeons.

Conscience : La conscience nous aide à savoir ce qui est bien et ce qui est mal.

Cor : Voir *Instruments de musique.

Coupe : Une coupe est un petit récipient pour boire, en terre ou en métal.

Cymbale : Voir *Instruments de musique.

Encens : L'encens donne une bonne odeur quand on le brûle. Les *Israélites l'utilisaient pour leurs prières et leurs sacrifices dans le Temple de Jérusalem.

Epée : Une épée est une arme qui ressemble à un couteau assez long.

Figuier : Le figuier est un petit arbre de Palestine. Il donne des fruits presque toute l'année.

Flûte : Voir *Instruments de musique.

Gloire de Dieu : 1. Cette expression désigne la puissance de Dieu. Celle-ci se montre aux humains sous différentes formes : orage, nuage, lumière.
2. Rendre gloire à Dieu, c'est reconnaître sa grandeur et chanter ses louanges.

Harpe : Voir *Instruments de musique.

Impur : Voir *Pur.

Instruments de musique : Les Psaumes sont des prières accompagnées de nombreux instruments de musique :
1. Il y a des instruments à cordes, comme la lyre, la cithare et la harpe.
2. Il y a aussi les cymbales, qui sont deux disques en métal qu'on frappe l'un contre l'autre.
3. Le cor et la flûte sont des instruments à vent comme la trompette.
4. Le tambourin est un cercle en bois tendu de peau. On le frappe pour rythmer les danses et les chants.

Israélites : Voir *Jacob.

Jacob : Jacob est le fils d'Isaac et le petit-fils d'Abraham. Par ses fils, il est le père des douze tribus du peuple choisi par Dieu. Dieu a donné à Jacob le nom « d'Israël ». C'est pourquoi ceux qui descendent de lui sont appelés « Israélites » ou « peuple d'Israël ».
Dans les Psaumes, les expressions « fils de Jacob », « peuple de Jacob » désignent les Israélites.

Jeûner : Jeûner veut dire ne pas manger pendant un certain temps. On fait cela pour une raison religieuse.

Jourdain : Le Jourdain est un fleuve de Palestine.

Juste – Justice : 1. Un être humain est juste quand il vit en accord avec ce que Dieu pense et ce que Dieu veut.
2. Justice de Dieu : Dieu est juste parce qu'il est fidèle à l'alliance en tenant sa promesse. Il montre sa justice quand il libère les êtres humains de ce qui les écrase.

Lévite : Les lévites étaient les serviteurs du Temple de Jérusalem. Ils aidaient les prêtres dans leur travail. Ils appartenaient à la tribu de Lévi, l'une des douze tribus d'Israël.

Lieu saint – très saint : Le lieu saint était la grande salle du Temple de Jérusalem. Un rideau séparait cette salle en deux parties.
La partie qui se trouvait derrière le rideau s'appelait « le lieu très saint ».
Voir *Saint.

Loi : 1. Ce mot désigne d'abord les commandements de Dieu pour le peuple d'Israël, en particulier ceux que Moïse a donnés à ce peuple sur le Mont Sinaï (Exode 20).

2. Quelquefois, la loi désigne les livres qui contiennent ces commandements, c'est-à-dire les 5 premiers livres de la Bible.

Lyre : Voir *Instruments de musique.

Manne : La manne est la nourriture que Dieu a donnée à son peuple dans le désert (Exode 16.11-18).

Olivier : L'olivier est un petit arbre qui pousse en Palestine. Ses fruits sont les olives. On les écrase pour avoir de l'huile.

Pharaon : Pharaon est le titre donné autrefois aux rois d'Égypte.

Prophète : Les prophètes parlent de la part de Dieu.

Pur – Purifier : 1. Pour les Israélites, si on veut être uni à Dieu, il faut être pur. On est pur quand on obéit aux commandements de Dieu et quand on respecte certains interdits.
Si on ne fait pas cela, on devient « impur ». Par exemple, quand on vit n'importe comment ou quand on mange certains aliments interdits.
2. Pour être purifié, c'est-à-dire pour devenir pur de nouveau, il faut faire certaines cérémonies.
3. Purifier un métal, c'est le passer au feu pour enlever ses déchets. Ensuite il est pur.

Raisin : Le raisin est le fruit de la *vigne. Il sert à faire le vin.

Sacrifice : Un sacrifice est une offrande qu'on fait à Dieu : animaux, produits de la terre ou parfum. Il y a plusieurs sortes de sacrifices : sacrifices complets d'animaux entièrement brûlés, sacrifices de communion, sacrifices pour obtenir le pardon des péchés ou tout autre bienfait, ou encore pour remercier Dieu de ses dons.

Saint : 1. Dieu est saint. Il est différent de tout, il est Dieu.
2. Une personne ou un objet qui appartient à Dieu est saint.

Sion : Sion est la plus ancienne partie de la ville de Jérusalem. Plus tard, ce mot a désigné l'endroit du Temple, puis toute la ville de Jérusalem.

Tambourin : Voir *Instruments de musique.

Témoin : Devant un tribunal, le témoin est celui qui doit dire la vérité sur ce qu'il a vu et entendu.

Tente (de la rencontre) : Quand les Hébreux vivaient dans le désert, ils n'avaient pas de Temple, ils avaient la Tente de la rencontre. C'était le *lieu saint où Dieu se montrait à Moïse.

Testament : Les Livres Saints qui parlent de *l'alliance de Dieu avec le peuple d'Israël forment le Premier Testament. On l'appelle aussi « Ancien Testament ». Les Psaumes font partie du Premier Testament.

Vigne : La vigne est un petit arbre qui produit du *raisin. Ce mot désigne aussi la plantation où l'on cultive ces arbres. Le peuple d'Israël est souvent comparé à une vigne.

Imprimé en Allemagne